江西财经大学东亿学术论丛·第一辑

删失数据模型中的压缩估计

刘显慧 著

The Research of Shrinkage Estimators in Censored Data Mode

本书得到国家自然科学基金项目——高维删失数据中分布式推断问题（项目编号：11961028）的支持。

经济管理出版社
ECONOMY & MANAGEMENT PUBLISHING HOUSE

图书在版编目（CIP）数据

删失数据模型中的压缩估计/刘显慧著. —北京：经济管理出版社，2019.12
ISBN 978-7-5096-6341-7

Ⅰ.①删… Ⅱ.①刘… Ⅲ.①统计模型—研究 Ⅳ.①C815

中国版本图书馆 CIP 数据核字（2019）第 275881 号

组稿编辑：王光艳
责任编辑：魏晨红
责任印制：黄章平
责任校对：陈晓霞

出版发行：经济管理出版社
（北京市海淀区北蜂窝 8 号中雅大厦 A 座 11 层 100038）
网 址：www. E-mp. com. cn
电 话：（010）51915602
印 刷：三河市延风印装有限公司
经 销：新华书店
开 本：720mm×1000mm /16
印 张：7.5
字 数：59 千字
版 次：2020 年 5 月第 1 版 2020 年 5 月第 1 次印刷
书 号：ISBN 978-7-5096-6341-7
定 价：68.00 元

江西财经大学东亿论丛·第一辑

编委会

总　序

江西财经大学统计学院源于1923年成立的江西省立商业学校会统科。统计学专业是学校传统优势专业，拥有包括学士、硕士（含专硕）、博士和博士后流动站在内的完整学科平台。数量经济学是我校应用经济学下的一个二级学科，拥有硕士、博士和博士后流动站等学科平台。

江西财经大学统计学科是全国规模较大、发展较快的统计学科之一。1978年、1985年统计专业分别取得本科、硕士办学权；1997年、2001年、2006年统计学科连续三次被评为省级重点学科；2002年统计学专业被评为江西省品牌专业；2006年统计学硕士点被评为江西省示范性硕士点，是江西省第二批研究生教育创新基地。2011年，江西财经大学统计学院成为我国首批江西省唯一的统计学一级学科博士点授予单位；2012 年，学院获批江西省首个统计学博士后流动站。2017 年，统计学科成功入选“江西省一流学科（成长学科）”；在教育部第四轮学科评估中被评为“A-”等级，进入全国前 10%行列。目前，统计学科是江西省高校统计学科联盟盟主单位，已形成以研究生教育为先导、本科教育为主体、国际化合作办学为补充的发展格局。

我们推出这套系列丛书的目的，就是想展现江西财经大学统计学院发展的突出成果，呈现统计学科的前沿理论和方法。以“东亿”冠名，主要是为了感谢高素梅校友及所在的东亿国际传媒给予统计学院的大力支持，在学院发展的关键时期，高素梅校友义无反顾地为我们提供了无私的帮助。丛书崇尚学术精神，坚持专业视角，客观务实，兼具科学研究性、实际应用性、参考指导性，希望能给读者以启发和帮助。

丛书的研究成果或结论属个人或研究团队观点，不代表单位或官方结论。若书中存在不足之处，恳请读者批评指正。

编委会

2019 年 6 月

前　言

响应变量受限（Limited Dependent Variable，LDV）模型是一种重要的统计模型，广泛应用于各个领域中，例如计量经济学、生物医学等。本书研究的删失回归（Tobit）模型是一种特殊的响应变量受限模型。在实际观测时，只能观测到响应变量非负部分。对于该模型，本书研究工作主要包括该模型中参数压缩估计方法，group 参数压缩估计方法以及利用随机加权逼近压缩估计的分布。

变量选择是统计建模中的热门研究问题之一。关于删失回归模型，较少工作涉及变量选择问题的研究。在基于线性回归模型中 SCAD 的惩罚函数，我们提出了一种 SCAD 型压缩估计方法，该方法不仅可以选择出对模型有贡献的解释变量，同时也给出相应参数的一个估计。在一定的条件下，我们建立了参数估计的稀疏性：将参数中的零元部分依概率估计为零，和渐近分布性质：参数中的非零元估计的渐近正态分布。此外，利用数值模拟来评估所提出方法的效果。

在统计建模时，解释变量常常以组（group）的形式出现，例如在多因子方差分析中，属性变量会以一组哑变量的形式来编码。对于删失回归模型，以往的压缩估计和变量选择方法基于单个哑变量，没有考虑到变量间的关联性。为弥补这一缺点，本书提出了一种基于预先给定组变量形式的 group 型压缩估计方法。该方法以组变量的形式来选择对模型有贡献的有效组变量，并给出相应参数的估计。在一定条件下，我们得到了参数估计的稀疏性：无效组被选取的概率趋于零，和渐近分布性质：有效组中参数估计的极限分布是正态分布。另外，我们利用数值模拟和一个实际例子来比较所提方法和其他非 group 方法，证明了我们所提出方法的效果。

最后，我们研究了随机加权方法逼近参数压缩估计分布的问题。在以往的变量选择方法中，参数压缩估计的渐近分布都包含密度函数这个冗余参数。参数推断时，往往

需要估计冗余参数，但是密度函数的估计比较困难，特别是当样本量比较小时。本书采用随机加权方法来逼近参数压缩估计的分布，得到参数的一个随机加权估计，并给出了逼近分布的一个步骤程序。该方法无须估计冗余参数，直接可以获得参数压缩估计的方差估计。同时，我们也建立了随机加权参数估计的渐近性质，并利用数值模拟研究了所提出方法的效果。

刘显慧

2019 年 12 月

目　录

第❶章

绪论

响应变量测量值被限制在某个范围内，例如受仪器测量范围的限制等，则称该模型为响应变量受限（Limited Dependent Variable，LDV）模型。在一般情形下，LDV 模型响应变量是被限制在实数轴的一个区域中，它包含截断响应变量模型与删失响应变量模型。二者的区别在于：截断响应变量模型的响应变量来自于不完全总体；而删失响应变量模型的响应变量来自于完全总体，只是个体观测值小于或大于某一特定值时不能被精确测量。

LDV 模型是一种重要的统计模型，广泛应用于计量经济学、生物医学等学科领域。例如，法医学中关于尸体中砷元素转移至土壤路径的研究受到仪器灵敏度的限制，当土壤中的砷浓度低于最小测量值时，仪器会显示砷浓度为零，而不是确切值。在高分子材料导电性实验中，如果材料中电流大于电流表的最大测量值，那么电流表只是显示最大值，而不是此时电流实际值。这两个实例是关于删失响应变量模型的。下面举例说明一个截断响应变量模型：业内人士调查字画价格与消费者购买欲望的关系，受访人群范围一般不涵盖对字画了无兴趣的人群，这样调查所得数据是来自于部分人群总体。在回归模型中，也有许多关于响应变量受限的例子。

本书研究的删失回归（Tobit）模型是一种特殊的 LDV 模型，实际观测时，只观测到响应变量非负的部分。假定在线性模型中，$y_i=x_i^T\beta_0+e_i$，$i=1$，…，n，只是 $y_i^+=\max(y_i, 0)$ 与 x_i 被观测到。其中，x_i 是 p 维向量，e_i 是误差项，β_0 是未知回归系数。于是，上述模型可改写成：

$$y_i^+=(x_i^T\beta_0+e_i)^+, \quad i=1, \cdots, n \tag{1-1}$$

模型（1-1）被称为删失回归（Tobit）模型。该模型最早由 Tobin（1958）提出，他的工作与概率分析（Probit Analysis）相关，因此 Goldberger（1964）将模型命名为“Tobit”模型。

本书绪论由两部分组成：第一部分简单回顾删失回归模

型的研究历史，包含参数估计、变量选择和随机加权方法；第二部分介绍我们的研究工作，主要包括 SCAD 型参数压缩估计、group 型参数压缩估计与压缩估计分布的随机加权逼近。

1.1 研究历史回顾

删失回归模型以往的研究工作主要包括三方面：

其一，模型中参数估计的大样本性质，包含估计的相合性质及渐近分布等。

其二，模型中变量选择问题，包含变量选择方法及所得估计的极限性质等。

其三，随机加权逼近方法，包含参数估计分布的逼近及在假设检验中统计量分布的逼近等。

1.1.1 参数估计

在回溯研究历史时，需要给出一些基本假定。在此，对解释变量 $\{x_i\}$ 分两种情况：

情况 1 假设 $\{x_i\}$ 是已知的设计列，且（A_1）e_1，…，

e_n 是 i. i. d。随机变量序列，e_1 的中位数是 0，e_1 的分布函数在 0 点处有正的导数 $f(0)$。

情况 2 假设 $\{x_i\}$ 是随机变量，且（A_1^*）(x, e)，(x_1, e_1)，…，(x_n, e_n) 是 i. i. d 随机变量序列，当给定的 x 时，0 是误差项 e 的唯一中位数，同时 e 的条件概率密度函数 $f(\cdot|x)$ 连续且一致有界。

对于参数空间，假定（A_2）β_0 所在参数空间 B 是 R^p 中的一个有界集（其闭包是 $\bar{B}$），且 β_0 是 B 中一个内点。

基于 y_i^+ 的中位数是 $(x_i^T\beta_0)^+$ 这一事实，Powell（1984）引入 β_0 的一个最小绝对偏差估计 $\hat{\beta}_n$，它是式（1-2）的一个解。

$$\min_{\beta \in \bar{B}} \sum_{i=1}^{n} \left| y_i^+ - (x_i^T\beta)^+ \right| \tag{1-2}$$

由于式（1-2）中 $\sum_{i=1}^{n} \left| y_i^+ - (x_i^T\beta)^+ \right|$ 关于 β 不是凸函数，且不足够光滑，因此研究 $\hat{\beta}_n$ 的大样本性质较难。在如下假设条件下：

其一，x_i 是独立随机变量，而且 $E\|x_i\|^3$（$\|\cdot\|$ 是一般的欧式范数）一致有界。

其二，存在有限的 $\varepsilon>0$，使得 $\lim\limits_{n\to\infty}\frac{1}{n}\sum_{i=1}^{n} I(x_i^T\beta_0 > \varepsilon)x_ix_i^T =$

$S>0$，其中 $I(\cdot)$ 是示性函数。

基于以上假设，Powell 建立了 $\hat{\beta}_n$ 的强相合性质。与此同时，在一定条件下，Powell 也得到了 $\hat{\beta}_n$ 的渐近分布，如式（1-3）所示：

$$\sqrt{n}(\hat{\beta}_n-\beta_0)\xrightarrow{d}N(0,(1/4)J^{-1}VJ^{-1}) \qquad (1-3)$$

其中，$V=E[xx^TI(x^T\beta_0>0)]$，$J=E[f(0|x)I(x^T\beta_0>0)]$。

Pollard（1990）借助于经验过程中极大值不等式，改善了 Powell 关于 $\hat{\beta}_n$ 渐近分布的结果：弱化了假设条件，允许 $\{x_i\}$ 是固定设计列，同时简化了证明。当 $\{x_i\}$ 是固定设计列时，Chen 和 Wu（1993）也深入研究了 $\hat{\beta}_n$ 的强相合性质。定义

$$\tilde{a}=\begin{cases} a/\|a\|, & a\neq 0 \\ 0, & a=0 \end{cases}$$

记 $\lambda_{min}(A)$ 是方阵 A 的最小特征值。他们证明了定理 1.1。

定理 1.1 假设条件（A_1）与（A_2）成立，并且 $\{\|x_i\|\}$ 一致有界，存在 $\varepsilon>0$，使得 $\lim\limits_{n\to\infty}\lambda_{min}(\sum\limits_{i=1}^{n}I(\tilde{x}_i^T\beta_0>\varepsilon)\tilde{x}_i\tilde{x}_i^T)/\log n=\infty$，那么：

$$\lim_{n\to\infty}\hat{\beta}_n = \beta_0,\ \ a.s.$$

特别地，当 $p=1$ 时，ε 可取为 0。

进一步假定：（A_3）对任意的 $\gamma>0$，存在有限的 $\alpha>0$，当 n 充分大时，使得：

$$\sum_{i=1}^{n}\|x_i\|^2 I(\|x_i\|>\alpha)<\gamma\lambda_{min}(S_n)$$

（A_4）对任意的 $\gamma>0$，存在有限的 $\delta>0$，当 n 充分大时，使得：

$$\sum_{i=1}^{n}\|x_i\|^2 I(|\mu_i|\leqslant\delta)<\gamma\lambda_{min}(S_n)$$

（A_5）$\lim\limits_{n\to\infty}\log n/\lambda_{min}(S_n)=0$。

其中，$\mu_i=x_i^T\beta_0,\ S_n=\sum\limits_{i=1}^{n}I(\mu_i>0)x_ix_i^T$。

Rao 和 Zhao（1993）得到了 $\hat{\beta}_n$ 的渐近分布，结果如定理 1.2。

定理 1.2 假设条件（A_1）至（A_5）成立，则有：

$$2f(0)S_n^{1/2}(\hat{\beta}_n-\beta_0)\xrightarrow{d}N(0,I_p) \qquad (1\text{-}4)$$

其中，I_p 是 $p\times p$ 单位阵。

当 $\{x_i\}$ 是随机向量时，Fang 等（2006）得到了 $\hat{\beta}_n$ 的强

相合性质及 Bahadur 强表示，记$\mu = x^T\beta_0$。他们引入如下条件：

（A_6）任意的$\gamma \neq 0$，$P(x^T\gamma \neq 0, \mu > 0) > 0$, $P(\mu \neq 0) = 1$, $E\|x\| < \infty$。

（A_6）*任意的$\gamma \neq 0$，$P(x^T\gamma \neq 0, \mu > 0) > 0$, $P(\mu \neq 0) = 1$, $E\|x\|^4 < \infty$。

（A_6）**任意的$\gamma \neq 0$，$P(x^T\gamma \neq 0, \mu > 0) > 0$, $\lim\limits_{t \to 0^+} t^{-4.5} P(|\mu| < t) = 0$, $E\|x\|^4 < \infty$。

（A_7）矩阵$J = E[f(0|x)xx^T I(\mu > 0)]$非奇异。

得到以下几个结果：

定理 1.3　（A_1^*）、（A_2）与（A_6）成立，则$\lim\limits_{n \to \infty} \hat{\beta}_n = \beta_0$, $a.s.$

定理 1.4　（A_1^*）、（A_2）、（A_6）*及（A_7）成立，则当 n 充分大时，依概率满足：

$$\|\hat{\beta}_n - \beta_0\| = n^{-1/3} \log n$$

定理 1.5　（A_1^*）、（A_2）、（A_6）**及（A_7）成立，则：

$$\hat{\beta}_n - \beta_0 = \frac{1}{2n} J^{-1} \sum_{i=1}^{n} \operatorname{sgn}(e_i) I(\mu_i > 0) x_i + o(n^{-1/2}(\log\log n)^{-1/2}), a.s.$$

1.1.2 变量选择

变量选择是统计建模中的热门研究问题之一。对于线性回归模型，文献中提出许多有效的变量选择方法，如 LASSO（Least Absolute Shrinkage and Selection Operator，Tibshirani（1996））、SCAD（Smoothly Clipped Absolute Deviation，Fan 和 Li（2001））、LARS（Least Angle Regression，Efron 等（2004））、SIS（Sure Independent Screening，Fan 和 Lv（2008））、MCP（Zhang，（2010））等。另外，Zhao 和 Yu（2006）给出了基于 CASSO 的模型选择相合（依概率选中真模型）的充要条件。Huang 等（2008）、Paul 等（2007）、Zhang 和 Huang（2008）也深入探讨了基于惩罚最小二乘函数的变量选择问题。

然而，对于删失回归模型，较少涉及模型选择，定义准则函数：

$$Q_n(\beta) = \sum_{i=1}^{n} |y_i^+ - (x_i^T\beta)^+| + \lambda_n \sum_{j=1}^{p} |\beta_j| \qquad (1-5)$$

其中，λ_n 是给定的惩罚参数。我们可以把 $Q_n(\beta)$ 的一个极小值点 $\tilde{\beta}$ 作为 β_0 的估计，一般 $\tilde{\beta}$ 称为 β_0 的 LASSO 估计。可以看出，惩罚参数 λ_n 在参数估计与变量选择之间起

着重要的平衡作用。λ_n 取值较大时，易删去较多变量以致参数估计偏差增加；λ_n 取值较小时，参数估计偏差减小但是变量选择能力会降低。因此，Wang 等（2010）提出了一种基于多样性 LASSO 型模型选择方法。他们考虑对 β 的不同元选取不同的惩罚参数，具体方案是：接近于零的元素对应的惩罚参数取比较大的值，明显远离零的元素对应的惩罚参数取较小的值。因此校正准则函数 $Q_n(\beta)$，得到新的准则函数：

$$Z_n(\beta)=\frac{1}{n}\sum_{i=1}^{n}|y_i^+-(x_i^T\beta)^+|+\frac{1}{n}\sum_{j=1}^{p}\lambda_{nj}|\beta_j|$$

定义 $Z_n(\beta)$ 的一个极小值点为 β_0 的估计，记为 $\hat{\beta}$。显然，对 β_0 的元素，惩罚参数 λ_{nj} 可以不相同。正因如此，上述方法被称为多样性 LASSO 型方法。

为了叙述简便，记：

$$\mu_i=x_i^T\beta_0,\ \ S_n=\sum_{i=1}^{n}x_ix_i^TI(\mu_i>0)$$

在给出 $\hat{\beta}$ 的大样本性质之前，除了条件（A_1）外，我们还需要如下条件，即对条件（A_2）~（A_5）进行一定的调整，具体如下：

(A'_2) β_0 所在参数空间 B 是 R^p 中有界开凸集（其闭包是 $\overline{B}$），β_0 是 B 中内点，且 $0 \in B$。

(A'_3) 当 $n \to \infty$ 时，$S_n/n \to V^2 > 0$。

(A'_4) 任意的 $\gamma>0$，存在有限的 $\alpha>0$，当 n 充分大时，使得：

$$\frac{1}{n}\sum_{i=1}^{n}\|x_i\|^2 I(\|x_i\| > \alpha) < \gamma$$

(A'_5) 任意的 $\gamma>0$，存在有限的 $\delta>0$，当 n 充分大时，使得：

$$\frac{1}{n}\sum_{i=1}^{n}\|x_i\|^2 I(|\mu_i| \leqslant \delta) < \gamma$$

他们建立的理论结果如下：

定理 1.6 在模型（1-1）中（A_1），(A'_2)~(A'_5) 满足，并且 $\lim\limits_{n\to\infty}\dfrac{\lambda_{nj}}{n}=\lambda_{0j}\geqslant 0$，$j=1$，…，$p$。则有 $\hat{\beta}$-argmin$(Z(\beta))\xrightarrow{P} 0$，其中：

$$Z(\beta) = f(0)(\beta-\beta_0)^T V^2(\beta-\beta_0) + \sum_{j=1}^{p}\lambda_{0j}|\beta_j|$$

特别地，若 $\lambda_{0j}=0$，$j=1$，…，p，则 $\hat{\beta}$ 是 β_0 的相合估计。

不失一般性地，假定 β_0 的前 s 个元素不为 0，而后 $p-s$ 个

元素为0。定理1.6中的$Z(\beta)$ 关于β是严格的凸函数，而且$f(0)(\beta-\beta_0)^T V^2(\beta-\beta_0)$ 和 $\sum_{j=1}^{p}\lambda_{0j}|\beta_j|$分别在$\beta_0$与0处取得最小值,因此,当$\{j:\lambda_{0j}\neq 0\}\neq\emptyset$时,$Z(\beta)$ 不可能在β_0或0处取得最小值。这暗示了 $\tilde{\beta}$ 不会是β_0 的相合估计。下面的定理探索了$\sqrt{n}(\hat{\beta}-\beta_0)$的渐近性质。

定理1.7 在模型(1-1) 中(A_1)、(A'_2) ~ (A'_5)满足，并且 $\lim\limits_{n\to\infty}\frac{\lambda_{nj}}{\sqrt{n}}=\lambda_{0j}\geqslant 0, j=1,\cdots,p$。则$\sqrt{n}(\hat{\beta}-\beta_0)\xrightarrow{d}\operatorname{argmin}(U(t))$，其中：

$$U(t)=W^T t+f(0)t^T V^2 t+\sum_{j=1}^{s}\lambda_{0j}\operatorname{sgn}(\beta_{0j})t_j+\sum_{j=s+1}^{p}\lambda_{0j}|t_j|$$

其中，W 服从$N(0, V^2)$。特别地，若 $\lambda_{0j}=0$，则 $\hat{\beta}$ 的渐近分布与最小绝对偏差估计渐近分布相同。

定理1.6与定理1.7说明，惩罚参数 $\{\lambda_{nj}\}$ 对β_0 中的零元与非零元的作用不相同。与$\beta_j\neq 0$ 相比，$\beta_j=0$ 所对应的惩罚参数更大。例如，$j\in\{1, \cdots, s\}$，$\lim\limits_{n\to\infty}\frac{\lambda_{nj}}{\sqrt{n}}=0$，而$j\in\{1+s, \cdots, p\}$，选取足够大的$M$，使得 $\lim\limits_{n\to\infty}\frac{\lambda_{nj}}{\sqrt{n}}=M>0$。从而当$\beta_j=0$，$j=$

$1+s$，…，p 时，$Z_n(\beta)$ 能达到最小值。这样就能得到 β_0 的一个相合估计 $\hat{\beta}$，同时达到变量选择目的。

1.1.3 随机加权

为叙述随机加权（Random Weighting）的思想，得从 Efron（1979）提出的 bootstrap 方法说起。假设 $x=(x_1, \cdots, x_n)$ 是抽自未知分布 F 的样本，$R(x; F)$ 是样本 x 与分布 F 相关的随机变量。基于样本 x，如何估计 $R(x, F)$ 分布呢？针对这一问题，Efron（1979）提出了 Bootstrap 方法。Bootstrap 方法实现步骤如下：

（1）从未知分布 F 中抽取随机样本 $x=(x_1, \cdots, x_n)$。

（2）$x^*=(x_1^*, \cdots, x_n^*)$ 是抽自经验分布 F_n 的随机样本，那么 x^* 即为 Bootstrap 样本。

（3）以 $R(x^*, F_n)$ 分布作为 $R(x, F)$ 分布的近似。

下面以期望为例说明 Bootstrap 的使用。$x=(x_1, \cdots, x_n)$ 是抽自未知分布 F 的样本，期望 $\mu=\int xdF$ 未知，样本均值 $\bar{x}=\frac{1}{n}\sum_{i=1}^{n}x_i$ 是 μ 的估计。关注的问题是误差 $R(x, F)=\bar{x}-\int xdF=\bar{x}-\mu$ 的分布。$x^*=(x_1^*, \cdots, x_n^*)$ 是抽自经验分

布 F_n 的随机样本，则 $R(x^*, F_n)=\bar{x}^*-\int xdF_n=\bar{x}^*-\bar{x}$ 的分布是 $R(x, F)$ 的分布近似。$R(x^*, F_n)$ 中的 $\bar{x}^*$ 可写成：

$$\bar{x}^* = \frac{1}{n}\sum_{i=1}^{n} x_i^* = \frac{1}{n}\sum_{i=1}^{n} c_i x_i$$

其中 c_i 是抽样中选中 x_i 的次数，且

$$0 \leqslant c_i \leqslant n, \sum_{i=1}^{n} c_i = n$$

即 $\bar{x}^*$ 是权重（c_1/n，…，c_n/n）加在样本 x 上而获得的加权平均。Zheng（1987）以随机向量（V_1，…，V_n）替代（c_1/n，…，c_n/n）而得到的加权近似：

$$R_n = \sum_{i=1} V_i x_i - \bar{x}$$

（V_1，…，V_n）服从 Dirichlet（1，…，1）分布，即 $\sum_{i=1}^{n} V_i=1$，（V_1，…，V_{n-1}）的密度是：

$$f(v_1,\cdots,v_{n-1}) = \Gamma(n),$$
$$(v_1,\cdots,v_{n-1}) \in \{(v_1,\cdots,v_{n-1}) : v_i \in R^+, \sum_{i=1}^{n-1} v_i \leqslant 1\}$$

则 $R(x, F)$，R_n 的渐近分布相同，那么 $R_n=\sum_{i=1}^{n} V_i x_i-\bar{x}$ 分布就是 $R(x, F)$ 分布的随机加权近似。因为（V_1，…，

V_n）是随机向量，所以这种分布逼近方法及其衍生方法称为随机加权方法。关于随机加权的详细介绍，可参看 Rubin（1981）、Lo（1987）、郑忠国（1988）、Weng（1989）等。此外，Rao 和 Zhao（1992）采用随机加权方法逼近线性模型的 M 估计分布。

下面探索随机加权方法关于逼近模型参数估计分布的应用。从式（1-3）与式（1-4）中可以看出，模型参数 β_0 的最小绝对偏差估计 $\hat{\beta}_n$ 的渐近协方差阵与误差项条件概率密度函数 $f(\cdot|x)$ 或概率密度函数 $f(\cdot)$ 有关，而估计 $f(\cdot|x)$ 和 $f(\cdot)$ 颇有难度。基于随机加权的思想，可以直接估计 $\hat{\beta}_n$ 分布，且无须估计 $f(\cdot|x)$ 和 $f(\cdot)$。

利用随机加权方法逼近模型参数估计分布已有一些研究工作。Zhao 和 Fang（2004）探讨了 $\hat{\beta}_n$ 分布的随机加权逼近。定义 $\beta_n^* = \arg\min_{\beta\in\bar{B}} \sum_{i=1}^{n} \omega_i |y_i^+ - (x_i^T\beta)^+|$ 为 β_0 的随机加权估计。为获得 β_n^* 的大样本性质，需要加上一些条件：

（A_8）任意的 $\gamma \neq 0$，$P(x^T\gamma \neq 0, \mu > 0) > 0$，$P(\mu \neq 0) = 1$，$E\|x\|^2 < \infty$，其中 $\mu = x^T\beta_0$。

（A_9）ω_1，…，ω_n i. i. d.，$P(\omega_i > 0) = 1$，$E(\omega_i) = 1$，

$\mathrm{Var}(\omega_i)=\sigma^2>0$，并且 $\{\omega_i\}$ 与 $\{x_i, y_i\}$ 独立。

在条件（A_1^*）、（A_2）、（A_7）~（A_9）下，我们得到 β_n^* 的渐近结果如下：

$$\sqrt{n}(\beta_n^*-\beta_0)=\frac{1}{2\sqrt{n}}J^{-1}\sum_{i=1}^{n}\omega_i\,\mathrm{sgn}(e_i)I(x_i^T\beta_0>0)x_i+o_p(1)$$

进一步有：

$$\sup_u|P(\sqrt{n}(\beta_n^*-\hat{\beta}_n)/\sigma\leqslant u|x_i,y_i^+,i=1,\cdots,n)-$$

$$P(\sqrt{n}(\hat{\beta}_n-\beta_0)\leqslant u)|\xrightarrow{P}0$$

接下来，Fang 和 Zhao（2006）导出了 $\hat{\beta}_n$ 分布的另一随机加权近似。定义 $\beta_n^*=\arg\min_{\beta\in\bar{B}}\sum_{i=1}^{n}\omega_i|y_i^+-(x_i^T\beta)^+|I(x_i^T\hat{\beta}_n>0)$ 为 β_0 的修正随机加权估计。令 $\mathcal{L}^*$，P^* 表示给定样本 $\{(x_i, y_i^+)\}$ 下的概率计算。在条件（A_1^*），（A_2），（A_7）~（A_9）成立的情况下，Fang 和 Zhao（2006）得到下面的结果：

$$\mathcal{L}^*(\sqrt{n}(\beta_n^*-\hat{\beta}_n)/\sigma)\xrightarrow{P}N(0,(1/4)J^{-1}VJ^{-1})$$

进而有：

$$\sup_u|P^*(\sqrt{n}(\beta_n^*-\hat{\beta}_n)/\sigma\leqslant u)-P(\sqrt{n}(\beta_n^*-\beta_0)\leqslant u)|\xrightarrow{P}0$$

下面来介绍关于删失回归模型（1-1）中假设检验的研

究工作，考虑检验问题：

$$H_0: H^T(\beta_0 - b_0) = 0 \longleftrightarrow H_1: H^T(\beta_0 - b_0) \neq 0$$

其中，H 是已知 $p\times q$ 的矩阵，$Rank(H)=q$（$0<q\leqslant p$），b_0是已知 p 维向量。对应 H_0，我们探讨一列局部对立假设：

$$H_{2,n}:\ H^T(\beta_0 - b_0) = H^T\omega_n$$

其中，ω_n 是已知 p 维向量，且 $\max\limits_{1\leqslant i\leqslant n}\|S_n^{1/2}\omega_n\| = O(1)$。Zhao（2004）提出检验统计量：

$$M_n = \inf_{H^T(b-b_0)=0}\sum_{i=1}^{n}|(x_i^Tb)^+ - y_i^+| - \inf_b\sum_{i=1}^{n}|(x_i^Tb)^+ - y_i^+|$$

其中，$b\in\overline{B}$，表达式中受 $H^T(b-b_0)=0$ 限制及未受限制的极值点分别是 $\hat{\beta}_c$ 和 $\hat{\beta}_n$。

关于 M_n 的渐近分布，Zhao（2004）证明了下面的结果：

结论　假定（A_1）~（A_5）成立，β_0 为真值且原假设 H_0 成立，那么：

$$4f(0)M_n = \|\sum_{i=1}^{n}I(\mu_i>0)\,\mathrm{sgn}(e_i)(H^TS_n^{-1}H)^{-1/2}$$
$$H^TS_n^{-1}x_i\|^2 + o_p(1)$$

显然，$4f(0)$ M_n 的渐近分布是自由度为 q 的中心卡方分布 χ_q^2。

M_n 的渐近分布涉及未知参数 $f(0)$。可是，估计 $f(0)$ 难度较大。鉴于这种情况，Wang 等（2009）给出一种随机加权检验统计量 M_n^*，定义：

$$M_n^* = \frac{1}{\sigma^2}\{\sum_{i=1}^n \omega_i|(x_i^T\hat{\beta}_c^*)^+ - y_i^+| - \sum_{i=1}^n \omega_i|(x_i^T\hat{\beta}_n^*)^+ - y_i^+|\} - \frac{1}{\sigma^2}\{\sum_{i=1}^n \omega_i|(x_i^T\hat{\beta}_c)^+ - y_i^+| - \sum_{i=1}^n \omega_i|(x_i^T\hat{\beta}_n)^+ - y_i^+|\}$$

其中，ω_1，…，ω_n 是 i. i. d. 有界随机变量，$Var(\omega_1)=\sigma^2$，$\hat{\beta}_c^*$ 与 $\hat{\beta}_n^*$ 分别是 $\sum_{i=1}^n \omega_i|(x_i^Tb)^+ - y_i^+|$ 在 $\bar{B}\cap\{b:H^T(b-b_0)=0\}$ 与 $\bar{B}$ 上的极小值点。

为获得随机加权的大样本性质，除 1. 1. 1 中的（A_1）~（A_5）外，仍需（A_9^*）ω_1，…，ω_n 是 i. i. d. 有界权随机变量，$P(\omega_i>0)=1$，$E(\omega_i)=1$，$Var(\omega_i)=\sigma^2>0$，并且 $\{\omega_i\}$ 与 $\{y_i\}$ 独立。

下面列出 Wang 等（2009）获得的理论结果：

定理 1.8 假设（A_1）~（A_5）及（A_9^*）成立，则有：

$$2f(0)S_n^{1/2}(\beta_n^* - \beta_0) = S_n^{-1/2}\sum_{i=1}^n \omega_i I(\mu_i>0)\,\mathrm{sgn}(e_i)x_i + o_p(1)$$

定理 1.9 假设（A_1）~（A_5）及（A_9^*）成立，则在原

假设 H_0 和局部对立假设 $H_{2,n}$ 下有：

$$4f(0)M_n^* = \| \sum_{i=1}^{n} \frac{\omega_i - 1}{\sigma} I(\mu_i > 0)\,\mathrm{sgn}(e_i)(H^T S_n^{-1} H)^{-1/2} H^T S_n^{-1} x_i \|^2 + o_p(1)$$

由定理 1.9 易推出：

定理 1.10 假设定理 1.9 条件满足，则：

$$\sup_{u>0} |P^*(M_n^* \leqslant u) - P(K_q \leqslant u)| \xrightarrow{P} 0$$

其中，$4f(0)K_q$服从自由度为 q 的中心卡方分布χ_q^2，P^* 是对应于给定样本 $\{y_i^+\}$ 时的概率计算。定理 1.1 说明 β_n^* 是β_0 的相合估计。定理 1.3 指出，给定样本 $\{y_i^+\}$ 时，M_n^* 不论是在原假设 H_0 下，还是在局部对立假设下的渐近分布，都与 M_n 在原假设 H_0 下的渐近分布相同。因此，无须估计未知参数 $f(0)$ 就可直接利用 M_n^* 的条件分布逼近 M_n 在原假设下的分布，进而确定假设检验临界值。

1.2 本书研究工作

考虑删失回归（Tobit）模型：

$$y_i^+ = (x_i^T\beta + e_i)^+, i = 1, \cdots, n \qquad (1-6)$$

其中，$y_i^+ = \max(y_i, 0)$，x_i 是 p 维固定设计向量，e_i 是误差项，β 是未知回归系数。

对于删失回归模型（1-6），本书工作主要包括模型中参数的 SCAD 型压缩估计、group 型压缩估计以及利用随机加权逼近压缩估计的分布。首先，基于线性回归模型中 SCAD 的想法，我们提出了一种删失回归模型的 SCAD 型压缩估计方法。该方法不仅可以选择出对模型有贡献的解释变量，同时也给出相应参数的一个估计。在一定条件下，所提出方法可以将参数中的零元部分依概率估计为零，即所谓的参数估计稀疏性；同时，所提出方法也得到了参数中的非零元估计的渐近正态分布。此外，利用数值模拟评估了所提出方法的效果。

其次，对于删失回归模型，以往的压缩估计和变量选择方法没有考虑变量间的关联性。为弥补这一缺点，本书提出了一种基于预先给定组变量形式的 group 型压缩估计方法。该方法考虑到变量间的关联性，以组变量的形式来选择对模型有贡献的有效组变量，并给出相应参数的估计。我们证明了所提参数估计的稀疏性：无效组被选取的概率趋于零，且获得了有效组中参数估计的渐近正态分布。另外，我们利用数值模拟和一个实际例子来比较所提出方法和其他非 group 方法，说明了我们所提出方法的效果。

最后，我们研究了随机加权方法逼近删失回归模型中压缩估计分布的问题。文献中的变量选择方法所得参数估计的渐近分布都包含冗余参数，如密度函数。于是，参数估计的统计推断需要估计这些冗余参数，但是估计冗余参数难度较大，尤其是样本量较小时。本书采用随机加权方法来逼近压缩估计的分布，得到参数的一个随机加权估计，并给出了逼近分布的一个步骤。该方法无须估计冗余参数，直接可以获得参数压缩估计的方差估计。同时，我们也建立了随机加权参数估计的渐近性质，并利用数值模拟研究了所提出方法的效果。

1.2.1 SCAD 型压缩估计

类似于线性模型 SCAD 的想法，本书针对删失回归模型（1-6）给出一种 SCAD 型压缩估计方法。为此，定义准则函数（1-7）。

$$Q_n(\beta)=\frac{1}{n}\sum_{i=1}^{n}|y_i^+-(x_i^T\beta)^+|+\sum_{j=1}^{p}p_{\lambda_n}(|\beta_j|) \quad (1\text{-}7)$$

其中，$p_{\lambda n}(\cdot)$ 是依赖正则系数 λ_n 的 SCAD 型罚函数，

满足：

$$p_{\lambda}'(t)=\lambda\{I(t\leqslant\lambda)+\frac{(a\lambda-t)^{+}}{(a-1)\lambda}I(t>\lambda)\},\ a>2,\ t>0$$

我们把 $Q_n(\beta)$ 的一个极小值点 $\hat{\beta}_n$ 作为 β 的估计。

不失一般性地，令 $\beta=(\beta^1,\ \beta^2)^T$，其中 β^1 是长度 s 的向量与 β^2 是长度 $p-s$ 的向量，且 β^1 中全部元素非零，$\beta^2=0$。记：

$$\mu_i=x_i^T\beta,\ S_n=\sum_{i=1}^{n}I(\mu_i>0)x_ix_i^T$$

$$a_n=\max\{p_{\lambda_n}'(|\beta_i|):\beta_i\neq 0\},\ b_n=\max\{p_{\lambda_n}''(|\beta_i|):\beta_i\neq 0\}$$

在给出理论结果之前，先给出以下一些假设条件：

（A1）e_1，e_2，…是 i. i. d. 随机变量，并且 e_i 的分布函数 F 有唯一的中位数 0，且在 0 处有正的导数 $f(0)$。

（A2）β 所在参数空间 B 是 R^p 中的一个有界开凸集（其闭包是 $\overline{B}$），并且 $0\in B$。

（A3）当 $n\to\infty$，$S_n/n\to V^2$，其中 V^2 是正定阵。

（A4）对于任意的 $\gamma>0$，存在有限的 $\alpha>0$，当 n 充分大时，使得

$$\frac{1}{n}\sum_{i=1}^{n}\|x_i\|^2I(\|x_i\|>\alpha)<\gamma$$

（A5）对于任意的 $\gamma>0$，存在有限的 $\delta>0$，当 n 充分大时，使得

$$\frac{1}{n}\sum_{i=1}^{n}\|x_i\|^2 I(|\mu_i|\leqslant\delta)<\gamma$$

（A6）$\max\{\|x_i\|:i=1,\cdots,n\}=o(\sqrt{n})$。

（A7）$\liminf_{n\to\infty}\liminf_{\theta\to 0+}p'_{\lambda_n}(\theta)/\lambda_n>0$。

（A8）$a_n=O(n^{-1/2}),\ b_n=o(1)$。

下面的定理 2.1 说明，在一定条件下，压缩估计 $\hat{\beta}_n$ 是 β 的相合估计。

定理 2.1 假设（A1）至（A5）成立，且 $b_n\to 0$，$n\to\infty$，那么存在一个 $Q_n(\beta)$ 局部极小值点 $\hat{\beta}_n$，使得 $\|\hat{\beta}_n-\beta\|=O_p(n^{-\frac{1}{2}}+a_n)$。

进一步地，选取适当的正则系数 λ_n，我们可得到一个 $\hat{\beta}_n$ 的稀疏性和渐近分布。

定理 2.2 假设定理 2.1 的条件与（A6）至（A8）成立。若 $\lambda_n\to 0$ 与 $\sqrt{n}\lambda_n\to\infty$，当 $n\to\infty$，那么定理 2.1 中 $\sqrt{n}$ 相合的局部极小值点 $\hat{\beta}_n=(\hat{\beta}_n^1,\ \hat{\beta}_n^2)^T$ 依概率满足：

（a）（稀疏性）$\hat{\beta}_n^2=0$。

（b）（渐近正态性）$\sqrt{n}(2f(0)V_1+\Sigma)\{(\hat{\beta}_n^1-\beta^1)+(2f(0)$

$V_1+\Sigma)^{-1}\mathbf{b}\} \xrightarrow{d} N(0,V_1)$。其中，$\Sigma=\mathrm{diag}\{p''_{\lambda_n}(|\beta_1|),\cdots,p''_{\lambda_n}(|\beta_s|)\}$，$\mathbf{b}=(p'_{\lambda_n}(|\beta_1|)\,\mathrm{sgn}(\beta_1),\cdots,p'_{\lambda_n}(|\beta_s|)\mathrm{sgn}(\beta_s))^T$，与 V_1 是由 V^2 前 s 行与 s 列组成的矩阵。

定理 2.2 说明，确实存在 β 的稀疏估计，即真值中零元依概率估为零。下面，我们只需研究真值中非零元估计的渐近分布，细节见（b）。若 $a_n=o(n^{-1/2})$，则有 $n^{1/2}bn=o(1)$ 与 $\Sigma\to 0$，当 $n\to\infty$。因此，定理 2.2 中的（b）变为：$2f(0)\sqrt{n}V_1(\hat{\beta}_n^1-\beta^1)\xrightarrow{d} N(0,V_1)$，这与利用真模型中非零元建模所得估计的表现是一致的。

由定理 2.2 可以看出，估计 $\hat{\beta}_n$ 的大样本性质依赖于正则系数 λ_n，因此适当选取正则系数 λ_n 就可使得压缩估计与预知真模型时再做模型估计的效果是一样的。这说明该方法能选出回归参数中的非零元，同时给出非零元的一个估计，并且将参数中的零元依概率估计为零。

1.2.2 group 型压缩估计

在实际问题中，解释变量常常以组（group）的形式出现，例如在多因子方差分析中，属性变量会以一组哑变量的形式来编码。基于删失回归模型（1-6），以往的压缩估计和变量选择方法是基于单个变量，并没有考虑变量间的关联性，为弥补这一缺点，本书提出了一种基于预先给定组变量形式的 group 型压缩估计方法。

假定解释变量被分成 s 个组，即 x_i 被划分成 s 个组，$x_i=(x_{i1}^T,\cdots,x_{is}^T)^T$，其中 x_{ij} 是 d_j 维子向量。那么式（1-6）可改写为式（1-8）：

$$y_i^+=(\sum_{j=1}^{s}x_{ij}^T\beta_j+e_i)^+,\ i=1,\cdots,n \tag{1-8}$$

其中，$\beta_j=(\beta_{j1},\cdots,\beta_{jdj})^T$ 是对应第 j 组的回归系数，则回归系数 $\beta=(\beta_1^T,\cdots,\beta_s^T)^T$。在 s 个组中，假设只有 s_0（$s_0\leqslant s$）个组对响应变量有贡献，称为有效组；反之，就是无效组。不失一般性地，假设前 s_0 个组是有效组，因而回归系数 β_j 满足：当 $j\leqslant s_0$ 时，$\|\beta_j\|\neq 0$；当 $j>s_0$ 时，$\beta_j=0$，其中 $\|\cdot\|$ 表示一般的欧式范数。

类似线性模型中 group 型压缩估计准则函数，删失回归模型中 group 型压缩估计的准则函数定义为式（1-9）。

$$Q_n(\beta)=\frac{1}{n}\sum_{i=1}^{n}|y_i^+-(\sum_{j=1}^{s}x_{ij}^T\beta_j)^+|+\sum_{j=1}^{s}\lambda_{nj}\|\beta_j\| \tag{1-9}$$

其中，$\lambda_{nj}\in R^+$，$j=1,\cdots,s$。自然地，$Q_n(\beta)$ 的极小

值点可视作β的一个估计，记为$\hat{\beta}$。

为叙述方便，记

$$\mu_i = x_i^T\beta,\ S_n = \sum_{i=1}^{n} I(\mu_i > 0)x_i x_i^T$$

$$a_n = \max\{\lambda_{nj}, j \leqslant s_0\},\ b_n = \min\{\lambda_{nj}, j > s_0\}$$

估计$\hat{\beta}$的渐近结果除了需要 1.2.1 中条件（A1）至（A6）外，还需要a_n和b_n的限制条件：

（A7）$a_n = o_p(1)$。

（A8）$a_n = o_p(n^{-1/2})$，$\sqrt{n}b_n \xrightarrow{p} \infty$。

下面，我们给出$\hat{\beta}$的渐近理论结果。首先指出$\hat{\beta}$是β的一个相合估计。

定理 3.1　（A1）至（A5）以及（A7）成立，则存在$Q_n(\beta)$的局部极小值点$\hat{\beta}$满足$\|\hat{\beta}-\beta\| = O_p(n^{-\frac{1}{2}}+a_n)$。

若对于调节系数λ_{nj}施加更严格的条件，即（A8）成立，则可得到$\hat{\beta}$的稀疏性质以及渐近正态分布性质，如定理 3.2 所示。

定理 3.2　假设条件（A1）至（A6）以及（A8）成立，则定理 3.1 中$\sqrt{n}$相合的局部极小值点$\hat{\beta} = (\hat{\beta}_a^T,\ \hat{\beta}_b^T)^T$依概率满足：

（a）（稀疏性）$\hat{\boldsymbol{\beta}}_b=0$；

（b）（渐近正态性）$\sqrt{n}(\hat{\beta}_a-\beta_a)\xrightarrow{d}N(0,(4f^2(0)V_1)^{-1})$，其中，$\beta_a=(\beta_1^T,\cdots,\beta_{s_0}^T)^T$ $\beta_b=(\beta_{s_0+1}^T,\cdots,\beta_s^T)^T$，与 V_1 是由 V^2 前 $d(=\sum_{j=1}^{s_0}d_j)$ 行及前 d 列组成的矩阵。

由定理 3.2 可知：无效组对应的参数被依概率估为零；而有效组对应参数的估计具有渐近正态性质。

1.2.3 压缩估计的随机加权逼近

基于删失回归模型（1-6），以往的变量选择和压缩估计方法所得到的参数估计的渐近分布都包含密度函数这个冗余参数，例如 1.1.2 节中定理 1.7，1.2.1 节中定理 2.2 和 1.2.2 节中定理 3.2. 因此，对回归参数作统计推断时，需要估计冗余参数。众所周知，估计密度函数难度颇大，特别是当样本量比较小时，受到 Wang 等（2009）采用随机加权方法逼近删失回归模型中假设检验统计量分布这一例子的启发，本书采用随机加权方法逼近模型中参数压缩估计的分布。

假定解释变量分成 s 个小组，即 x_i 划分成 s 个组，$x_i=$

$(x_{i1}^T, \cdots, x_{is}^T)^T$，其中 x_{ij} 是 d_j 维子向量。于是，删失回归模型可改写为式（1-10）。

$$y_i^+ = (\sum_{j=1}^{s} x_{ij}^T\beta_j + e_i)^+, \ i = 1, \cdots, n \qquad (1-10)$$

其中，$\beta_j = (\beta_{j1}, \cdots, \beta_{jdj})^T$ 是对应第 j 组的回归系数，那么 $\beta = (\beta_1^T, \cdots, \beta_s^T)^T$。在 s 个小组里，只有 s_0（$s_0 \leqslant s$）个组对于响应变量有作用，被称为有效组；反之，就是无效组。不失一般性地，假设前 s_0 个组是有效组。因而回归系数 β_j 满足：当 $j \leqslant s_0$ 时，$\|\beta_j\| \neq 0$；当 $j > s_0$ 时，$\beta_j = 0$。

下面我们给出 group 型压缩估计准则函数 $Q_n(\beta)$ 的一个随机加权版本，如式（1-11）所示：

$$Q_n{}^*(\beta) = \frac{1}{n}\sum_{i=1}^{n}\omega_i|y_i^+ - (\sum_{j=1}^{s} x_{ij}^T\beta_j)^+| + \sum_{j=1}^{s}\lambda_{nj}\|\beta_j\| \qquad (1-11)$$

其中，ω_i（$i = 1, \cdots, n$）是非负权变量。准则函数 $Q_n^*(\beta)$ 的极小值点记为 $\hat{\beta}^*$，则 $\hat{\beta}^*$ 可以作为 β 的一个随机加权估计。我们的想法是：利用 $\hat{\beta}^*$ 在给定样本 $\{y_i^+, i = 1, \cdots, n\}$ 下的条件分布来估计 $\hat{\beta}$ 的分布。对于 $\hat{\beta}^*$ 的渐近性质，除了 1.2.2 中条件（A1）至（A6）和（A8）外，我们还需要关

于权变量的条件限制。

(A9) ω_1，ω_2，…是有界的 i. i. d. 非负变量，与 $\{y_i\}$ 独立，且满足 $E(\omega_1)=1$ 与 $\mathrm{Var}(\omega_1)=\sigma^2$。

定理 4.1 假设 (A1) 到 (A6) 以及 (A9) 成立，且 $a_n=o_p(1)$，则存在 $Q_n^*(\beta)$ 的局部极小值点 $\hat{\beta}^*$ 满足 $\|\hat{\beta}^*-\beta\|=O_p(n^{-\frac{1}{2}}+a_n)$。

由定理 4.1 可知，$\hat{\beta}^*$ 是 β 的相合估计。若对于调节系数 a_n 与 b_n 施加更严格的条件，那么可以获得 $\hat{\beta}^*$ 的稀疏性质以及渐近正态分布性质，如定理 4.2 所示。

定理 4.2 假设条件 (A1) 至 (A6)、(A8) 和 (A9) 成立，则定理 4.1 中 $\sqrt{n}$ 相合的局部极小值点 $\hat{\beta}^*=(\hat{\beta}_a^{*T},\hat{\beta}_b^{*T})^T$ 依概率满足：

(a) $\hat{\beta}_b^*=0$;

(b) $\sqrt{n}(\hat{\beta}_a^*-\beta_a)=(2f(0)n^{1/2}V_1)^{-1}\sum\limits_{i=1}^{n}\omega_i x_{ia}\,\mathrm{sgn}(e_i)I(\mu_i>0)+o_p(1)$，其中，$V_1$ 是由 V^2 前 $d(=\sum\limits_{j=1}^{s_0}d_j)$ 行及 d 列组成的矩阵，x_{ia} 是由 x_i 前 d 元构成的向量。

由定理 4.2，很容易得到定理 4.3。

定理 4.3 假设定理 4.2 中条件满足，则

$$\mathcal{L}^*(\sqrt{n}(\hat{\beta}_a^* - \hat{\beta}_a)/\sigma) \to N(0, (4f^2(0)V_1)^{-1}) \quad in \ pr$$

进一步有：

$$\sup_u |P^*(\sqrt{n}(\hat{\beta}_a^* - \hat{\beta}_a)/\sigma \leqslant u) - P(\sqrt{n}(\hat{\beta}_a - \beta_a) \leqslant u)| \xrightarrow{p} 0$$

记号$\mathcal{L}^*$与P^*表示在给定样本条件下的概率计算。上式中 u 取遍所有 d 维向量，不等式是指对向量的每个分量不等式都成立。

由定理 4.3 可知，$\hat{\beta}_a^*$ 在给定样本 $\{y_i^+, i=1, \cdots, n\}$ 条件下的渐近分布与$\hat{\beta}_a$ 的渐近分布相同。因而，可以利用$\hat{\beta}_a^*$ 的条件分布来逼近$\hat{\beta}_a$ 分布。基于定理 4.3，我们给出一个随机加权计算步骤，具体如下：

给定样本 $\{y_i^+, i=1, \cdots, n\}$。

（1）从满足（A9）的权分布中独立产生 n 个权 ω_i，$i=1, \cdots, n$。

（2）最小化 $Q_n^*(\beta)$ 得到β_a的一个估计$\hat{\beta}_a^*$。

（3）重复步骤（1）和步骤（2）N 次，得到 N 个 β_a的估计，记为$\{\hat{\beta}_{ak}^*, k=1,\cdots,N\}$。

（4）利用 $\{\hat{\beta}_{ak}^*, k=1, \cdots, N\}$ 的经验分布与经验方差分别来估计$\hat{\beta}$ 的分布及方差。

可以看出，该随机加权计算步骤无须估计冗余参数 $f(0)$，定理 4.3 进一步说明，$\{\hat{\beta}_{ak}^{*}, k=1, \cdots, N\}$ 的经验分布与经验方差能够有效地估计 $\hat{\beta}$ 的分布及方差。

第❷章 SCAD 型压缩估计

2.1 引言

考虑删失模型（2-1）。

$$y_i^+ = (x_i^T\beta + e_i)^+,\ i = 1, \cdots, n \qquad (2-1)$$

其中，$y_i^+=\max(y_i, 0)$，x_i是一个 p 维固定设计向量，e_i 是不可观测的随机误差，并且β 是 p 维未知回归系数。随机误差e_i的分布函数 F 有唯一的中位数 0，且在 0 处有正的导数$f(0)$ 。

在统计建模中，模型（变量）选择是其中的重要环节。对于最小二乘回归模型，已经给出了许多选择准则，例如 AIC（Akaike's Information Criterion），BIC（Bayesian Information Criterion)，Mallow's C_p 准则，LASSO（Least Shrinkage and Selection Operator，Tibshirani（1996）），SCAD（Smoothly Clipped Absolute Deviation，Fan 和 Li（2001）），LARS（Least Angle Regression，Efron 等（2004））等。可是，研究工作涉及删失回归模型的变量选择问题很少，基于 LASSO 罚函数，Wang 等（2010）提出了一种模型选择方法，并给出所得压缩估计的渐近性质。在本章，我们基于 SCAD 的思想，对于删失回归模型给出一种参数压缩估计方法。为此，定义式（2-2）准则函数 $Q_n(\beta)$ 的一个极小值点 $\hat{\beta}_n$ 是 β 的估计。

$$Q_n(\beta) = \frac{1}{n}\sum_{i=1}^{n}|y_i^+ - (x_i^T\beta)^+| + \sum_{j=1}^{p}p_{\lambda_n}(|\beta_j|) \quad (2-2)$$

其中，$p_{\lambda_n}(\cdot)$ 是依赖正则系数 λ_n 的 SCAD 型罚函数。罚函数 $p_\lambda(\cdot)$ 满足：

$$p_\lambda'(t) = \lambda\{I(t \leqslant \lambda) + \frac{(a\lambda - t)^+}{(a-1)\lambda}I(t > \lambda)\},\ a > 2,\ \text{for}\ t > 0$$

罚函数 $p_{\lambda_n}(\cdot)$ 不同于 Wang 等（2009）所用的罚函数，关于 $p_{\lambda_n}(\cdot)$ 的良好性质可参看 Fan 和 Li（2001）。

本章的结构是：压缩估计 $\hat{\beta}_n$ 的理论结果在 2.2 节中给出；2.3 节通过数值模拟展示所提出方法的效果，理论证明在 2.4 节给出。

2.2 理论结果

压缩估计$\hat{\beta}_n$的主要理论结果在本节中给出，记$\beta=(\beta^1, \beta^2)^T$，其中$\beta^1$是长度$s$的向量与$\beta^2$是长度$p-s$的向量。不失一般性地，假设$\beta^1$中全部元素非零，$\beta^2=0$。记

$$\mu_i = x_i^T\beta,\ \ S_n = \sum_{i=1}^{n} I(\mu_i > 0)x_i x_i^T$$

$$a_n = \max\{p'_{\lambda_n}(|\beta_i|) : \beta_i \neq 0\},\ b_n = \max\{p''_{\lambda_n}(|\beta_i|) : \beta_i \neq 0\}$$

在给出理论结果之前，先给出一些假设条件：

(A1) e_1，e_2，…是i. i. d. 随机变量，并且e_i的分布函数F有唯一的中位数0，且在0处有正的导数$f(0)$。

(A2) β所在参数空间B是R^p中的一个有界开凸集(其闭包是$\overline{B}$)，并且$0\in B$。

(A3) 当$n\to\infty$，$S_n/n\to V^2$，其中V^2是正定阵。

(A4) 对于任意的$\gamma>0$，存在有限的$\alpha>0$，当n充分大时，使得

$$\frac{1}{n}\sum_{i=1}^{n} \|x_i\|^2 I(\|x_i\| > \alpha) < \gamma$$

（A5）对于任意的 $\gamma>0$，存在有限的 $\delta>0$，当 n 充分大时，使得

$$\frac{1}{n}\sum_{i=1}^{n}\|x_i\|^2 I(|\mu_i|\leqslant\delta)<\gamma$$

（A6）$\max\{\|x_i\|:i=1,\cdots,n\}=o(\sqrt{n})$。

（A7）$\liminf_{n\to\infty}\liminf_{\theta\to 0+}p'_{\lambda_n}(\theta)/\lambda_n>0$。

（A8）$a_n=O(n^{-1/2}),\ b_n=o(1)$。

注意：条件（A1）至（A5）与 Wang 等（2010）的条件（A1）至（A5）相同，是用于确保估计 $\hat{\beta}_n$ 的相合性与渐近正态性。源自 Fan 和 Li（2001）的条件（A7）与（A8）是用以证明 $\hat{\beta}_n$ 稀疏性的充分条件。条件（A6）是一个技术性条件。一般而言，实际观测中的解释变量都是有界的，则条件（A6）自然满足。

定理 2.1 假设（A1）至（A5）成立，且 $b_n\to 0$，$n\to\infty$，那么存在一个 $Q_n(\beta)$ 局部极小值点 $\hat{\beta}_n$，使得 $\|\hat{\beta}_n-\beta\|=O_p(n^{-\frac{1}{2}}+a_n)$。

由定理 2.1 可知，在一定的条件下，压缩估计 $\hat{\beta}_n$ 是 β 的相合估计，下一个定理说明该压缩估计具有稀疏性，即 $\hat{\beta}_n^2=0$ 依概率成立。

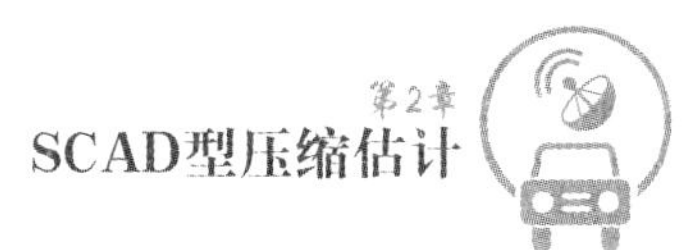

定理 2.2 假定定理 2.1 的条件与（A6）至（A8）成立。若 $\lambda_n \to 0$ 与 $\sqrt{n}\lambda_n \to \infty$，当 $n \to \infty$，那么定理 2.1 中 $\sqrt{n}$ 相合的局部极小值点 $\hat{\beta}_n = (\hat{\beta}_n^1, \hat{\beta}_n^2)^T$ 依概率满足：

（a）（稀疏性）$\hat{\beta}_n^2 = 0$。

（b）（渐近正态性）$\sqrt{n}(2f(0)V_1 + \Sigma)\{(\hat{\beta}_n^1 - \beta^1) + (2f(0)V_1 + \Sigma)^{-1}\mathbf{b}\} \xrightarrow{d} N(0, V_1)$，其中，$\Sigma = \text{diag}\{p''_{\lambda_n}(|\beta_1|), \cdots, p''_{\lambda_n}(|\beta_s|)\}$，$\mathbf{b} = (p'_{\lambda_n}(|\beta_1|)\text{sgn}(\beta_1), \cdots, p'_{\lambda_n}(|\beta_s|)\text{sgn}(\beta_s))^T$，与 V_1 是由 V^2 前 s 行与 s 列组成的矩阵。

定理 2.2 说明，$\hat{\beta}_n$ 是 β 的稀疏估计，即 $\hat{\beta}_n^2 = 0$ 依概率成立。下面，我们研究估计 $\hat{\beta}_n^1$ 的渐近分布，详细情况可见（b）。若 $a_n = o(n^{-1/2})$，则有 $n^{1/2}\text{b}_n = o(1)$ 与 $\Sigma \to 0$，当 $n \to \infty$。因此，定理 2.2 中的（b）变为 $2f(0)\sqrt{n}V_1(\hat{\beta}_n^1 - \beta_0^1) \xrightarrow{d} N(0, V_1)$，这与利用真模型中非零元建模所得估计的表现一致。

由上述定理可以看出，估计 $\hat{\beta}_n$ 的大样本性质依赖于正则系数 λ_n，因此适当选取正则系数 λ_n 就可使压缩估计与预知真模型时再做模型估计的效果相同。这说明该方法能选出回归参数中的非零元，同时给出非零元的一个估计，并且将参数中的零元依概率估计为零。

2.3 数值模拟

因罚函数在 0 点不光滑（不可导），最小化目标函数（2-2）以求得到估计 $\hat{\beta}_n$ 会很麻烦。Fan 和 Li（2001），提出对于罚函数使用局部二次近似（Local Quadratic Approximate, LQA），这样目标函数的优化可使用修正的 Newton-Raphson 法进行迭代计算。可是，正如 Fan 和 Li（2001）及 Hunter 和 Li（2005）所指出的，在迭代过程中，一旦 $\hat{\beta}_n$ 中的元素接近于0，该元素就会被视为 0，也就是说，LQA 存在一个弱点：在迭代过程中舍去的协变量是不会出现在最终模型中的。为解决这一问题，Zou 和 Li（2008）基于罚函数局部线性近似（Local Linear Approximation，LLA）的思路提出一种新算法，受到 LLA 的启发，我们对于罚函数采用局部线性近似，具体想法是，对于给定的初值 $\beta_j^{(0)}$（$\beta_j^{(0)} \neq 0$，$j = 1$，…，p），则

$$p_{\lambda_n}(|\beta_j|) \approx p_{\lambda_n}(|\beta_j^{(0)}|) + p'_{\lambda_n}(|\beta_j^{(0)}|)(|\beta_j| - |\beta_j^{(0)}|), \text{当 } \beta_j \approx \beta_j^{(0)} \tag{2-3}$$

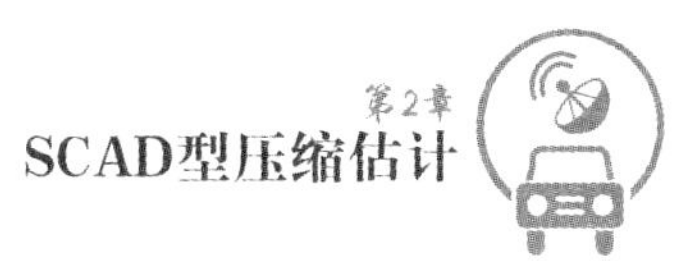

对于目标函数（2-2）的优化，采用式（2-3）并且通过式（2-4）进行迭代运算直至收敛为止。

$$\hat{\beta}_n^{(k+1)} = \arg\min_{\beta}\{\frac{1}{n}\sum_{i=1}^{n}|y_i^+ - (x_i^T\beta)^+| + \sum_{j=1}^{p} p'_{\lambda_n}(|\hat{\beta}_{nj}^{(k)}|)|\beta_j|\} \tag{2-4}$$

在选择正则系数 λ_n 方面，可采用的准则很多，例如 GCV（Generalized Cross Validation）与 BIC 等。在本节中，只采用 BIC 准则和 GCV 准则。

$$BIC(\lambda) = n \times \frac{L_n(\hat{\beta}_n(\lambda))}{L_n(\hat{\beta}^{(0)})} + \frac{\log n}{2}\sharp\{j : \hat{\beta}_{nj} \neq 0\}$$

$$GCV(\lambda) = \frac{1}{n}\frac{L_n(\hat{\beta}_n(\lambda))}{(1 - \sharp\{j : \hat{\beta}_{nj} \neq 0\}/n)^2}$$

选取正则系数 λ_n，其中 $L_n(\beta) = \sum_{i=1}^{n}|y_i^+ - (x_i^T\beta)^+|$, $\hat{\beta}^{(0)}$ 是模型（2-1）的最小绝对偏差估计。

利用数值模拟评估压缩估计方法的效果，数据生成于删失回归模型（2-1）。x 中各元素服从均值为 1，方差为 1 的正态分布。x_i 与 x_j 的相关系数是 $\rho^{|i-j|}$，且 $\rho=0$ 或 $\rho=0.5$。$\beta=(1.5, -1, 0, 0, 2, 0, 0, 0)^T$ 或 $\beta=(1, 1, 0, 0, 1, 0, 0, 0)^T$，样本量分别取 $n=50$、100 和 150。全部数值分

别重复 1000 次。采用模型误差，L_n/n，考量模型拟合情况，并且将采用 BIC 准则的压缩估计方法模型误差和采用 GCV 准则的压缩估计方法模型误差分别与使用全模型的模型误差进行比较。比较所得值定义为模型相对误差（Relative Model Error，RME）。

首先考查压缩估计方法的模型拟合情况以及区分零元与非零元的能力，误差分布取标准正态分布 $N(0, 1)$。表 2-1 与表 2-2 分别给出了 $\beta=(1.5, -1, 0, 0, 2, 0, 0, 0)^T$和 $\beta=(1, 1, 0, 0, 1, 0, 0, 0)^T$ 的情况。表 2-1 与表 2-2 中记录了相对模型误差，零元被正确估为零的平均个数，非零元被错估为零的平均个数。从表 2-1 至表 2-2 中的第 4 列可看出，BIC 准则或 GCV 准则压缩估计方法的相对模型误差均接近于 1，这说明压缩估计方法在变量选择方面表现良好。同时，由第 4 列可判断出，变量选择效果随样本量增大而变得更优。记录在表 2-1 与表 2-2 中第 6 列的非零元错估为零的平均个数趋于零，甚至在样本量较大时就等于零，由此说明，估计方法将非零元错估为零的概率极小。第 5 列的零元正确估为零的平均个数接近于 5，尤其是在样本量很大时，这表明通过压缩估计所做的模型选择是有效

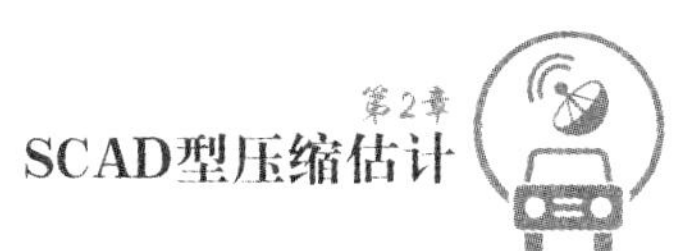

的。此外，对比$\rho=0$与$\rho=0.5$时元素估为零的情况可以看出：$\rho=0$时，非零元错估为零的平均个数小于$\rho=0.5$时，零元正确估为零的平均个数大于$\rho=0.5$时。

表 2-1 真实值$\beta=(1.5, -1, 0, 0, 2, 0, 0, 0)^T$的变量选择结果

ρ	n	Method	RME	Avg. No. of 0 Coefficients	
				correct	incorrect
0	50	BIC	1.051	4.005 (1.190)	0 (0)
		GCV	1.061	4.005 (1.190)	0 (0)
	100	BIC	1.030	4.449 (0.877)	0 (0)
		GCV	1.028	4.449 (0.877)	0 (0)
	150	BIC	1.021	4.535 (0.820)	0 (0)
		GCV	1.019	4.535 (0.820)	0 (0)
0.5	50	BIC	1.051	3.979 (1.180)	0.007 (0.083)
		GCV	1.063	3.979 (1.180)	0.007 (0.083)
	100	BIC	1.029	4.435 (0.877)	0 (0)
		GCV	1.027	4.435 (0.877)	0 (0)
	150	BIC	1.021	4.532 (0.824)	0 (0)
		GCV	1.019	4.532 (0.824)	0 (0)

注：括号内为标准差。

表 2-2 真实值$\beta=(1, 1, 0, 0, 1, 0, 0, 0)^T$的变量选择结果

ρ	n	Method	RME	Avg. No. of 0 Coefficients	
				correct	incorrect
0	50	BIC	1.052	4.191 (1.101)	0.002 (0.045)
		GCV	1.061	4.191 (1.101)	0.002 (0.045)

续表

ρ	n	Method	RME	Avg. No. of 0 Coefficients	
				correct	incorrect
0	100	BIC	1.030	4.590 (0.805)	0 (0)
		GCV	1.029	4.590 (0.805)	0 (0)
	150	BIC	1.021	4.679 (0.703)	0 (0)
		GCV	1.019	4.679 (0.703)	0 (0)
0.5	50	BIC	1.049	4.104 (1.109)	0.004 (0.063)
		GCV	1.059	4.104 (1.109)	0.004 (0.063)
	100	BIC	1.030	4.519 (0.836)	0 (0)
		GCV	1.028	4.519 (0.836)	0 (0)
	150	BIC	1.021	4.624 (0.737)	0 (0)
		GCV	1.018	4.624 (0.737)	0 (0)

注：括号内为标准差。

下面，我们研究非零元估计。表 2-3 与表 2-4 分别给出了$\beta=(1.5, -1, 0, 0, 2, 0, 0, 0)^T$和$\beta=(1, 1, 0, 0, 1, 0, 0, 0)^T$的情况。在表 2-3 与表 2-4 中罗列了估计的均值（Mean）与标准差（SD），从中能明显看到，估计均接近于真实值。随着样本量的增大，均值更接近于真实值，并且标准差急剧减少。

表 2-3　真实值 $\boldsymbol{\beta}=(1.5, -1, 0, 0, 2, 0, 0, 0)^T$ 的参数估计结果

ρ	n	Method	$\widehat{\beta_1}$		$\widehat{\beta_2}$		$\widehat{\beta_5}$	
			Mean	SD	Mean	SD	Mean	SD
0	50	BIC	1.495	0184	-1.005	0.207	2.009	0.194
		GCV	1.492	0.182	-1.000	0.209	2.005	0.189
	100	BIC	1.502	0.135	-1.003	0.146	2.006	0.133
		GCV	1.502	0.135	-1.003	0.145	2.006	0.133
	150	BIC	1.501	0.103	-0.997	0.122	2.006	0.104
		GCV	1.501	0.104	-0.997	0.122	2.005	0.105
0.5	50	BIC	1.507	0.224	-1.008	0.266	1.995	0.234
		GCV	1.505	0.221	-1.003	0.267	1.991	0.223
	100	BIC	1.502	0.154	-1.007	0.172	2.002	0.151
		GCV	1.502	0.154	-1.008	0.173	2.001	0.155
	150	BIC	1.505	0.124	-1.008	0.140	1.998	0.126
		GCV	1.505	0.124	-1.007	0.143	1.996	0.130

表 2-4　真实值 $\boldsymbol{\beta}=(1, 1, 0, 0, 1, 0, 0, 0)^T$ 的参数估计结果

ρ	n	Method	$\widehat{\beta_1}$		$\widehat{\beta_2}$		$\widehat{\beta_5}$	
			Mean	SD	Mean	SD	Mean	SD
0	50	BIC	0.995	0.185	1.003	0.179	0.996	0.186
		GCV	0.994	0.188	1.001	0.178	0.997	0.188
	100	BIC	1.005	0.115	1.000	0.122	1.002	0.118
		GCV	1.006	0.115	1.000	0.122	1.002	0.118
	150	BIC	1.000	0.093	0.999	0.094	1.000	0.093
		GCV	1.000	0.094	0.999	0.095	1.000	0.094

续表

ρ	n	Method	$\widehat{\beta_1}$		$\widehat{\beta_2}$		$\widehat{\beta_5}$	
			Mean	SD	Mean	SD	Mean	SD
0.5	50	BIC	1.002	0.219	1.003	0.244	0.993	0.212
		GCV	1.003	0.227	0.999	0.252	0.994	0.209
	100	BIC	0.999	0.149	1.002	0.158	1.000	0.134
		GCV	0.999	0.149	1.003	0.160	1.000	0.136
	150	BIC	1.006	0.118	0.996	0.131	1.000	0.112
		GCV	1.006	0.117	0.996	0.134	1.002	0.114

为研究 SCAD 型压缩估计方法的稳健性，误差分布分别取两个重尾分布：标准柯西分布（Cauchy）与混合分布（Mixture）$0.5\times N(0, 1)+0.5\times$Cauchy（这意味着误差来自 $N(0, 1)$，而异常值源于柯西分布）。在此，我们给出真值 $\beta=(1.5, -1, 0, 0, 2, 0, 0, 0)^T$ 样本量为 100 时的结果。类似表 2-1 与表 2-2，表 2-5 罗列了对应的参数估计，非零元估计的均值及标准差在表 2-6 中给出。从表 2-5 中可以看出，RME 接近于 1；非零元错估为零的平均个数趋于零；零元正确估为零的平均个数接近于真值 5。对比表 2-1、表 2-2 与表 2-5 可知：当误差分布取重尾分布时，零元正确估为零的平均个数更加接近于真值 5，非零元错估为零的平均个数稍微增大。可是，零元错估为零的平均个数仍接近于零。

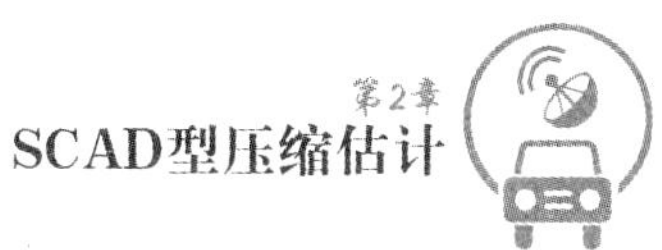

表 2-5　样本量 100，真实值 $\beta=(1.5,\ -1,\ 0,\ 0,\ 2,\ 0,\ 0,\ 0)^T$ 变量选择的稳健性质

ρ	Error distr	Method	RME	Avg. No. of 0 Coefficients	
				correct	incorrect
0	Mixture	BIC	1.003	4.844 (0.469)	0.040 (0.304)
		GCV	1.003	4.844 (0.469)	0.040 (0.304)
	Cauchy	BIC	1.014	4.932 (0.302)	0.120 (0.475)
		GCV	1.013	4.932 (0.302)	0.120 (0.475)
0.5	Mixture	BIC	1.016	4.799 (0.537)	0.047 (0.301)
		GCV	1.015	4.799 (0.537)	0.047 (0.301)
	Cauchy	BIC	1.019	4.898 (0.382)	0.201 (0.570)
		GCV	1.018	4.898 (0.382)	0.201 (0.570)

注：括号内为标准差。

表 2-6　样本量 100，真实值 $\beta=(1.5,\ -1,\ 0,\ 0,\ 2,\ 0,\ 0,\ 0)^T$ 参数估计的稳健性质

ρ	Error	Method	$\widehat{\beta_1}$		$\widehat{\beta_2}$		$\widehat{\beta_5}$	
			Mean	SD	Mean	SD	Mean	SD
0	Mixture	BIC	1.478	0.232	-0.976	0.217	1.991	0.217
		GCV	1.479	0.229	-0.975	0.217	1.990	0.217
	Cauchy	BIC	1.446	0.326	-0.935	0.320	1.961	0.313
		GCV	1.450	0.320	-0.942	0.312	1.964	0.307
0.5	Mixture	BIC	1.469	0.272	-0.981	0.258	1.997	0.197
		GCV	1.471	0.264	-0.982	0.256	1.997	0.198
	Cauchy	BIC	1.370	0.443	-0.901	0.401	2.013	0.254
		GCV	1.379	0.428	-0.907	0.395	2.018	0.240

2.4 理论证明

2.4.1 定理 2.1 的证明

令 $\alpha_n = n^{-\frac{1}{2}} + a_n$ 和 $\|u\| = c$，其中 c 是一个充分大的常数。我们只需证明对于任意的 $\varepsilon(0 < \varepsilon < 1)$，当 n 充分大时，有

$$P\{\inf_{\|u\|=c} Q_n(\beta + \alpha_n u) > Q_n(\beta)\} \geqslant 1 - \varepsilon$$

这说明至少有 $1-\varepsilon$ 的概率在球$\{\beta + \alpha_n u : \|u\| \leqslant c\}$中存在一个局部极小值点。因此，存在一个局部极小值点 $\hat{\beta}_n$ 使得$\|\hat{\beta}_n - \beta\| = O_p(\alpha_n)$。利用 $p_{\lambda_n}(0) = 0$，有：

$$Q_n(\beta + \alpha_n u) - Q_n(\beta) \geqslant$$
$$\frac{1}{n}\sum_{i=1}^{n}|y_i^+ - (x_i^T\beta + \alpha_n x_i^T u)^+| - \frac{1}{n}\sum_{i=1}^{n}|y_i^+ - (x_i^T\beta)^+| +$$
$$\sum_{j=1}^{s} p_{\lambda_n}(|\beta_j + \alpha_n u_j|) - \sum_{j=1}^{s} p_{\lambda_n}(|\beta_j|) = I + II \qquad (2\text{-}5)$$

其中，s 是 β 中非零元个数。

对 II 进行 Taylor 展开，可得：

$$\begin{aligned} II &= \alpha_n \sum_{j=1}^{s} p'_{\lambda_n}(|\beta_j|)u_j + \frac{1}{2}\alpha_n{}^2 \sum_{j=1}^{s} p''_{\lambda_n}(|\beta_j|)u_j{}^2(1+o(1)) \\ &\leqslant \alpha_n a_n \sqrt{s}\|u\| + \alpha_n^2 b_n \|u\|^2 \\ &\leqslant \alpha_n^2 \sqrt{s}\|u\| + \alpha_n^2 b_n \|u\|^2 \end{aligned} \tag{2-6}$$

由 Wang 等（2010）可知式（2-7）成立。

$$I = -\frac{1}{n}\sum_{i=1}^{n} \alpha_n x_i^T u\text{sgn}(e_i)I(\mu_i > 0) + f(0)\alpha_n^2 u^T V^2 u + o_p(\frac{1}{n} + \alpha_n^2 u^T V^2 u)$$

其中，sgn（·）是符号函数。因 $\frac{1}{\sqrt{n}}\sum_{i=1}^{n} x_i\text{sgn}(e_i)I(\mu_i > 0) \xrightarrow{d} N(0, V^2)$ 及 $n^{-1/2} = O_p(\alpha_n)$，故有：

$$I = -\alpha_n^2\|u\|O_p(1) + f(0)\alpha_n^2 u^T V^2 u(1+o_p(1)) \tag{2-7}$$

由式（2-6）和式（2-7）可知：当 c 取得足够大时，在 $\|u\| = c$ 上 $f(0)\ \alpha_n^2 u^T V^2 u$ 能控制其他项。式（2-5）与恒正的 $f(0)\alpha_n^2 u^T V^2 u$ 联合，就能得到所要结果。

2.4.2 定理 2.2 的证明

由定理 2.1 与（A8）可知，当 c 取得足够大时，$\alpha_n =$

$n^{-\frac{1}{2}}$，$\hat{\beta}_n$ 落入球 $\{\beta+\alpha_n u:\|u\|\leqslant c\}$ 内的概率趋于 1。记 $\hat{\beta}_{n1}=(\hat{\beta}_n^1, 0)^T$，$f_k=(0, \cdots, 1, \cdots, 0)^T$，其中 1 是在第 k 个坐标，$k=s+1$，…，p。令

$$
\begin{aligned}
H(t) &= Q_n(\hat{\beta}_{n1}+tf_k)-Q_n(\hat{\beta}_{n1}) \\
&= \frac{1}{n}\sum_{i=1}^{n}|y_i^+-(x_i^T\hat{\beta}_{n1}+tx_i^Tf_k)^+|-\frac{1}{n}\sum_{i=1}^{n}|y_i^+- \\
&\quad (x_i^T\hat{\beta}_{n1})^+|+p_{\lambda_n}(|t|) \\
&= \frac{1}{n}\sum_{i=1}^{n}|y_i-(x_i^T\hat{\beta}_{n1}+tx_i^Tf_k)^+|-\frac{1}{n}\sum_{i=1}^{n}|y_i- \\
&\quad (x_i^T\hat{\beta}_{n1})^+|+p_{\lambda_n}(|t|) \\
&= \frac{1}{n}\sum_{i=1}^{n}\int_{(x_i^T\hat{\beta}_{n1})^+}^{(x_i^T\hat{\beta}_{n1}+tx_i^Tf_k)^+}\operatorname{sgn}(v-y_i)dv+p_{\lambda_n}(|t|)
\end{aligned}
$$

那么，

$$
\begin{aligned}
&\frac{\mathrm{d}H(t)}{\mathrm{d}t} \\
=\ &\frac{1}{n}\sum_{i=1}^{n}\operatorname{sgn}(-e_i+(x_i^T\hat{\beta}_{n1}+tx_i^Tf_k)^+-x_i^T\beta) \\
&\frac{d(x_i^T\hat{\beta}_{n1}+tx_i^Tf_k)^+}{\mathrm{d}t}+p'_{\lambda_n}(|t|)\operatorname{sgn}(t) \\
=\ &\frac{1}{n}\sum_{i=1}^{n}\operatorname{sgn}(-e_i+(x_i^T\hat{\beta}_{n1}+tx_i^Tf_k)^+-x_i^T\beta)I(x_i^T\hat{\beta}_{n1}+ \\
&tx_i^Tf_k>0)x_i^Tf_k+
\end{aligned}
$$

$$\frac{1}{n}\sum_{i=1}^{n}\mathrm{sgn}(-e_i+(x_i^T\hat{\beta}_{n1}+tx_i^Tf_k)^+-x_i^T\beta)(x_i^T\hat{\beta}_{n1}+$$
$$tx_i^Tf_k)D(x_i^T\hat{\beta}_{n1}+tx_i^Tf_k)x_i^Tf_k+p'_{\lambda_n}(|t|)\mathrm{sgn}(t)$$
$$=\frac{1}{n}\sum_{i\in M}\mathrm{sgn}(-e_i+x_i^T\hat{\beta}_{n1}+tx_i^Tf_k-x_i^T\beta)x_i^Tf_k+$$
$$\frac{1}{n}\sum_{i=1}^{n}\mathrm{sgn}(-e_i+(x_i^T\hat{\beta}_{n1}+tx_i^Tf_k)^+$$
$$-x_i^T\beta)(x_i^T\hat{\beta}_{n1}+tx_i^Tf_k)D(x_i^T\hat{\beta}_{n1}+tx_i^Tf_k)x_i^Tf_k+$$
$$p'_{\lambda_n}(|t|)\mathrm{sgn}(t)$$
$$=\frac{1}{n}\sum_{i\in M}\mathrm{sgn}(-e_i+x_i^T\hat{\beta}_{n1}+tx_i^Tf_k-x_i^T\beta)x_i^Tf_k+$$
$$p'_{\lambda_n}(|t|)\mathrm{sgn}(t)$$

其中，$M=\{1\leqslant i\leqslant n: x_i^T\hat{\beta}_{n1}+tx_i^Tf_k>0\}$，$D(\cdot)$ 是 Dirac delta 函数。因 $D(\cdot)$ 是 Dirac delta 函数，故 $xD(x)=0$。由条件（A4）与（A6）易得 $\frac{1}{n}\sum\limits_{i=1}^{n}\|x_i\|^2=O(1)$ 和 $\max\limits_{1\leqslant i\leqslant n}|n^{-1/2}x_i^Tf_k|=o(1)$。利用中心极限定理，易知：

$$\frac{1}{\sqrt{n}}\sum_{i\in M}\mathrm{sgn}(-e_i+x_i^T\hat{\beta}_{n1}+tx_i^Tf_k-x_i^T\beta)x_i^Tf_k$$
$$=O_p(1),\ |t|\leqslant cn^{-\frac{1}{2}}$$

当 $0\neq|t|\leqslant cn^{-\frac{1}{2}}$ 时，由 $\sqrt{n}\lambda_n\to\infty$ 和（A7）可得：

$$\begin{aligned}\frac{\mathrm{d}H(t)}{\mathrm{d}t} &= \frac{1}{\sqrt{n}}(\frac{1}{\sqrt{n}}\sum_{i\in M}\mathrm{sgn}(-e_i+x_i^T\hat{\beta}_{n1}+tx_i^Tf_k- \\ &\quad x_i^T\beta)x_i^Tf_k+\sqrt{n}p'_{\lambda_n}(|t|)\mathrm{sgn}(t)) \\ &= \frac{1}{\sqrt{n}}(O_p(1)+\sqrt{n}\lambda_n\frac{p'_{\lambda_n}(|t|)}{\lambda_n}\mathrm{sgn}(t))\end{aligned}$$

明显 $\mathrm{d}H(t)/\mathrm{d}t$ 的符号取决于 t 的符号。至此，（a）部分证毕。

下面开始（b）的证明。令 $\gamma_n=\hat{\beta}_n^1-\beta^1$。由 $Q_n(\beta)$ 的定义知，

$$\begin{aligned}& Q_n((\hat{\beta}_n^1,0)^T)-Q_n((\beta^1,0)^T) \\ = & -\frac{1}{n}\sum_{i=1}^{n}x_{i1}^T\gamma_n\mathrm{sgn}(e_i)I(\mu_i>0)+\frac{1}{n}f(0)\gamma_n^T\sum_{i=1}^{n} \\ & x_{i1}x_{i1}^TI(\mu_i>0)\gamma_n+ \\ & \sum_{j=1}^{s}p'_{\lambda_n}(|\beta_j|)\mathrm{sgn}(\beta_j)\gamma_{nj}+\frac{1}{2}\sum_{j=1}^{s}p''_{\lambda_n}(|\beta_j|)\gamma_{nj}^2 \\ & (1+o(1))+o_p(\frac{1}{n}+\gamma_n^TV_1\gamma_n) \\ = & -\frac{1}{n}\sum_{i=1}^{n}x_{i1}^T\gamma_n\mathrm{sgn}(e_i)I(\mu_i>0)+f(0)\gamma_n^TV_1\gamma_n+ \\ & \sum_{j=1}^{s}p'_{\lambda_n}(|\beta_j|)\mathrm{sgn}(\beta_j)\gamma_{nj}+ \\ & \frac{1}{2}\sum_{j=1}^{s}p''_{\lambda_n}(|\beta_j|)\gamma_{nj}^2(1+o(1))+o_p(\frac{1}{n}+\gamma_n^TV_1\gamma_n)\end{aligned}$$

其中，x_{i1} 是由 x_i 前 s 个元素构成的向量。

为叙述简便，记

$$u_n=\sqrt{n}\gamma_n,\ \mathrm{b}=(p'_{\lambda_n}(|\beta_1|)\mathrm{sgn}(\beta_1),\cdots,p'_{\lambda_n}(|\beta_s|)\mathrm{sgn}(\beta_s))^T$$

$$B_n(u)=-n^{-1/2}\sum_{i=1}^{n}x_{i1}^T u\ \mathrm{sgn}(e_i)I(\mu_i>0)+f(0)u^T V_1 u+ n^{1/2}\mathrm{b}^T u+\frac{1}{2}u^T\Sigma u$$

则 $B_n(u)$ 的一个极小值点 $\tilde{u}_n=(2f(0)V_1+\Sigma)^{-1}(n^{-1/2}\sum_{i=1}^{n}x_{i1}\mathrm{sgn}(e_i)I(\mu_i>0)-n^{1/2}\mathrm{b})$。因 $n^{-1/2}\sum_{i=1}^{n}x_{i1}\mathrm{sgn}(e_i)I(\mu_i>0)\xrightarrow{d}N(0,V_1)$，故

$$(2f(0)V_1+\Sigma)\tilde{u}_n+n^{1/2}\mathbf{b}\xrightarrow{d}N(0,V_1)$$

类似于 Wang 等（2010）中定理 2.2 的证明方法，可得 $u_n\overset{d}{=\!=}\tilde{u}_n$。至此证得（b）。

第❸章 group型压缩估计

3.1 背景知识

删失回归（Tobit）模型是一种特殊的响应变量受限模型，在观测中只能观测到响应变量的非负部分。数学表达如下：

$$y_i^+=(x_i^T\beta+e_i)^+,\ i=1,\ \cdots,\ n \tag{3-1}$$

其中，$y_i^+=\max(y_i,\ 0)$，$\{x_i\}$ 是 p 维设计向量序列，$\{e_i\}$ 是随机误差项序列，β 是 p 维回归系数，n 是样本量（试验中观测次数）。

关于删失回归模型的研究工作较多，可参看 Powell

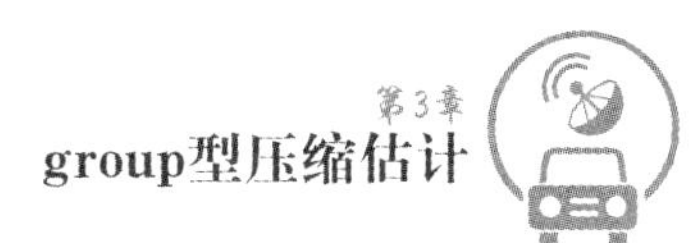

（1984）、Pollard（1990）、Chen 和 Wu （1993）、Rao 和 Zhao（1993）、Wang 等（2007，2009）等。对于该模型，Wang 等（2010）提出了一种多样性 LASSO 模型选择方法，并给出所得估计的渐近性质。在此之后，Liu 等（2011）基于 SCAD 提出了 SCAD 型压缩估计方法。该方法可以选择出对模型有贡献的解释变量，同时也给出相应参数的一个估计。可是，这些方法均忽视变量间的关联性。

有时实际问题中的解释变量是以组（group）的形式出现，例如在多因子方差分析中，属性变量会以一组哑变量的形式来编码。对于这个问题，研究人员倾向于以组的形式选取变量，而不是单个选取变量。对于一般的线性模型，Yuan 和 Lin（2006）提出 group LASSO 方法做组形式的变量选择，并且提供了 group LASSO 型压缩估计的有效优化算法。为解决 group LASSO 型压缩估计的有偏性与模型选择不相合等问题，Wang 和 Leng（2008）提出了自适应 group LASSO 方法，并且得到自适应 group LASSO 型压缩估计的良好渐近性质。近年来，基于 LARS（Least Angle Regression，Efron 等（2004））向前变量选择方法，Zeng 和 Xie（2011）提出了在相依数据结构下组形式的变量选择方法。除了线性模型以外，Meier 等（2008）将 group LASSO 应用到 Logistic 回归模型，并给出了与压缩估计相关最优化问题的两种高效算法。同时，他们证明了所得压缩估计是相合的，Nardi 和 Rinaldo（2011）将 group LASSO 方法应用到分层对数线性模型，并建立了压缩估计的渐近性质。

受到 group LASSO 方法的启示，对于删失回归模型，我们提出一种基于预先给定组变量形式的 group 型压缩估计方法，该方法以组变量的形式来选择对模型有贡献的有效组变量，并给出相应参数的估计。

3.2 group 型压缩估计方法及理论结果

假定解释变量分成 s 个小组，即模型（3-1）中的 x_i 划分成 s 个组，$x_i=(x_{i1}^T, \cdots, x_{is}^T)^T$，其中 x_{ij} 是 d_j 维子向量。因而模型（3-1）改写成模型（3-2）。

$$y_i^+=(\sum_{j=1}^{s} x_{ij}^T\beta_j+e_i)^+,\ i=1, \cdots, n \qquad (3-2)$$

其中，$\beta_j=(\beta_{j1}, \cdots, \beta_{jd_j})^T$ 是对应第 j 组的回归系数，那么 $\beta=(\beta_1^T, \cdots, \beta_s^T)^T$。在 s 个小组里，只有 $s_0(s_0\leqslant s)$ 个

组对响应变量有作用，被称为有效组；反之，就是无效组。不失一般性地，假设前 s_0 个组是有效组。因此回归系数 β_j 满足：当 $j \leqslant s_0$ 时，$\|\beta_j\| \neq 0$；当 $j > s_0$ 时，$\beta_j = 0$。

类似线性模型中 group 型压缩估计的准则函数，模型（3-2）中的 group 型压缩估计的准则函数定义为：

$$Q_n(\beta) = \frac{1}{n}\sum_{i=1}^{n}|y_i^+ - (\sum_{j=1}^{s} x_{ij}^T\beta_j)^+| + \sum_{j=1}^{s}\lambda_{nj}\|\beta_j\| \tag{3-3}$$

调节系数 $\lambda_{nj} \in R^+$，$j=1$，…，s，可能与样本量 n 有关。很明显，$Q_n(\beta)$ 的极小值点可视作 β 的估计，记为 $\hat{\beta}$。若不考虑解释变量的组形式，而是将每个变量视为一个组，函数（3-3）转变为 LASSO 型估计的准则函数（Wang 等，2010）。

为叙述方便，所以记

$$\mu_i = x_i^T\beta,\ \ S_n = \sum_{i=1}^{n} I(\mu_i > 0)x_i x_i^T$$
$$a_n = \max\{\lambda_{nj}, j \leqslant s_0\},\ \ b_n = \min\{\lambda_{nj}, j > s_0\}$$

为支持 group 型压缩估计 $\hat{\beta}$ 的理论结果，需要一些条件，具体如下：

（A1）e_1，e_2，…是 i. i. d. 随机变量，并且 e_i 的分布函

数 F 中位数是 0，且在 0 处有正的导数 $f(0)$。

（A2）β 所在参数空间 B 是 R^p 中的一个有界开凸集（其闭包是 $\bar{B}$），并且 $0 \in B$。

（A3）当 $n \to \infty$，$S_n/n \to V^2$，其中 V^2 是正定阵。

（A4）对于任意的 $\gamma>0$，存在有限的 $\alpha>0$，当 n 充分大时，使得

$$\frac{1}{n}\sum_{i=1}^{n}\|x_i\|^2 I(\|x_i\| > \alpha) < \gamma$$

（A5）对于任意的 $\gamma>0$，存在有限的 $\delta>0$，当 n 充分大时，使得

$$\frac{1}{n}\sum_{i=1}^{n}\|x_i\|^2 I(|\mu_i| \leqslant \delta) < \gamma$$

（A6）$\max\{\|x_i\| : i = 1, \cdots, n\} = o(\sqrt{n})$。

（A7）$a_n = o_p(1)$。

（A8）$a_n = O(n^{-1/2}), b_n = o(1)$。

注意：（A1）至（A5）是删失回归模型中的基本条件，可见 Wang 等（2010）。与调节系数 λ_{nj} 有关的（A7）与（A8）是用于 $\hat{\beta}$ 相合性与渐近正态性证明的技术性条件，一般试验中解释变量都是有界的，则（A6）自然满足。

定理 3.1　（A1）至（A5）以及（A7）成立，则存在

$Q_n(\beta)$ 的局部极小值点 $\hat{\beta}$ 满足 $\|\hat{\beta}-\beta\|=O_p(n^{-\frac{1}{2}}+a_n)$。

由定理3.1可知，压缩估计 $\hat{\beta}$ 是 β 的相合估计。若对于调节系数 λ_{nj} 施加苛刻的条件，即（A8）成立，就可得到 $\hat{\beta}$ 的稀疏性质以及渐近正态分布性质，如定理3.2所示。

定理3.2 假设条件（A1）至（A6）以及（A8）成立，则定理3.1中 $\sqrt{n}$ 相合的局部极小值点 $\hat{\beta}=(\hat{\beta}_a^T,\ \hat{\beta}_b^T)^T$ 依概率满足：

（a）（稀疏性）$\hat{\beta}_b=0$。

（b）（渐近正态性）$\sqrt{n}(\hat{\beta}_a-\beta_a)\xrightarrow{d}N(0,(4f^2(0)V_1)^{-1})$,

其中，$\beta_a=(\beta_1^T,\cdots,\beta_{s_0}^T)^T$, $\beta_b=(\beta_{s_0+1}^T,\cdots,\beta_s^T)^T$,与 V_1 是由 V^2 前$d(=\sum_{j=1}^{s_0}d_j)$行及 d 列组成的矩阵。

从定理3.2可看出，$\hat{\beta}$ 具有稀疏性质：无效组对应的系数依概率估计为零；而有效组中系数估计具有渐近正态性质，这说明group型压缩估计与Oracle估计的渐近性质相似。

3.3 数值模拟分析

本节通过数据模拟验证估计方法的有效性，定理3.2

中的（A8）说明，调节系数 $\{\lambda_{nj}\}$ 对变量中的有效组与无效组施加的作用不同。因此，需要确定合适的调节系数，可以利用$\hat{\beta}_{L_1}$构造λ_{nj}。具体实施方法是：对于常数$\tau>1$ 和$\eta>0$，式（3-4）成立。

$$c_{jk}=\frac{\eta}{n}\times(\frac{\sqrt{n}|b_{jk}|}{|a_{jk}|})^{\tau},\ \ k=1,\cdots,d_j$$
$$\lambda_{nj}=\min\{c_{jk}:k=1,\cdots,d_j\},\ \ j=1,\cdots,s \tag{3-4}$$

其中，a_{jk} 和 $b_{jk}(k=1,\ \cdots,\ d_j;\ j=1,\ \cdots,\ s)$ 分别是模型（3-1）的最小绝对偏差估计$\hat{\beta}_{L_1}$ 中元素以及相应元素标准差。当$\beta_{jk}=0$时，$a_{jk}/b_{jk}\xrightarrow{d}N(0,\ 1)$。暗示在$n$充分大的情况下，$\sqrt{n}\,c_{jk}=\eta\times n^{\tau/2-1/2}/|a_{jk}/b_{jk}|^{\tau}$ 趋于比较大的值。而$\beta_{jk}\neq 0$时，$\sqrt{n}(a_{jk}-\beta_{jk})$ 依分布收敛到一个期望为 0 的正态分布，$\sqrt{n}\,b_{jk}$ 依概率收敛到一个正的常数，说明n充分大时，$\sqrt{n}\,c_{jk}\to 0$。因此，n充分大时，$\sqrt{n}\,\lambda_{nj}$ 依概率趋于比较大的值或趋于 0 取决于$\|\beta_j\|$ 是否为 0。

可是实施方法涉及两个正则系数η和τ，在选取正则系数方面，可采用一些常规准则，例如交叉验证（CV）、广义交叉验证（GCV）、BIC 准则。为减少计算强度，特

意取 $\tau=1.5$ 以及采用 BIC 准则选正则系数 η，BIC 准则函数定义为

$$BIC(\eta)=n\times\frac{L_n(\hat{\beta}(\eta))}{L_n(\hat{\beta}_{L_1})}+\frac{\log n}{2}\times\sum_{j=1}^{s}\sum_{k=1}^{d_j}I(\hat{\beta}_{jk}\neq 0)$$

其中，$L_n(\beta)=nQ^*(\beta)=\sum_{i=1}^{n}|y_i^+-(\sum_{j=1}^{s}x_{ij}^T\beta_j)^+|$，最小化 $BIC(\eta)$ 选择 η。

为展示估计方法的效果，我们将 LASSO 型变量选择（LVS）方法与 group 型压缩估计方法相应的 group 型变量选择方法（GVS）进行比较。LVS 方法不考虑变量的组形式，而是将每个变量视为一个组。数据产生于删失回归模型（3-5）。

$$y_i^+=(\beta_0'+\sum_{j=1}^{8}x_{ji}\beta_j'+e_i)^+ \tag{3-5}$$

x_{ji}（$j=1,2,\cdots,8$）和 e_i 服从 $N(0,1)$，$\beta=(\beta'_0, \beta'_1,\cdots,\beta'_8)=(1.5,1,-1,1,0,0,0,0,0)^T$，样本量分别取 $n=50$、100、150 和 200。数值模拟过程重复 1000 次。

在数值模拟前，需要确定解释变量分组形式。包含截距项在内的 9 个解释变量分为 4 组，即 $\beta=(\beta_1^T,\beta_2^T,\beta_3^T,\beta_4^T)^T$，具体形式如下：

（1）在分组形式 S1 中，$\beta_1=\beta'_0=1.5$，$\beta_2=(\beta'_1,\beta'_2,\beta'_3)=(1,-1,1)$，$\beta_3=(\beta'_4,\beta'_5)=(0,0)$，则有效组是 β_1 和 β_2，无效组是 β_3 和 β_4。

（2）在分组形式 S2 中，$\beta_1=\beta'_0=1.5$，$\beta_2=(\beta'_1,\beta'_2)=(1,-1)$，$\beta_3=(\beta'_3,\beta'_4)=(1,0)$，$\beta_4=(\beta'_5,\beta'_6,\beta'_7,\beta'_8)=(0,0,0,0)$，则有效组是 β_1、β_2 和 β_3，无效组是 β_4。

表 3-1 和表 3-2 对于分组形式 S1 与 S2 分别列出了有效组中系数估计均值，无效组未被选中（无效组中系数估为0）的频率记为 ρ。同时在表 3-2 中记录了分组形式 S2 中的第 3 组中零元估为零的频率，记为 ρ_1。分析表 3-1 和表 3-2 可知，通过 LVS 与 GVS 得到的系数估计均接近于真实值。这意味着二者都能给出有效组中系数的良好估计。可是 GVS 的 ρ 大于 LVS。例如，样本 $n=150$，GVS 的 $\rho=0.932$，而此时 LVS 的 $\rho=0.637$，说明在识别有效组与无效组方面，GVS 优于 LVS。此外，表 3-2 中 GVS 的 ρ_1 接近于 0，而 LVS 的 ρ_1 大于 0.73。由此可以看出，GVS 难以将有效组中零元估为零而 LVS 能够将其估为零。这些结果说明，GVS 在选择组变量方面优于 LVS，并且能正确识别模型中的无效组。

表 3-1　在分组形式 S1 的情形下 LASSO 型变量选择方法（LVS）与提出的 group 型变量选择方法（GVS）的变量选择及参数估计结果

n	Method	$\beta_1=1.5$	$\beta_2=(1,\ -1,\ 1)^T$			$\beta_3=(0,\ 0)^T$	$\beta_4=(0,\ 0,\ 0)^T$
		$\hat{\beta}'_0$	$\hat{\beta}'_1$	$\hat{\beta}'_2$	$\hat{\beta}'_3$	ρ	ρ
50	LVS	1.483（0.249）	0.968（0.246）	-0.974（0.260）	0.963（0.250）	0.604	0.498
	GVS	1.454（0.260）	0.990（0.252）	-0.973（0.237）	0.969（0.243）	0.839	0.793
100	LVS	1.492（0.158）	0.995（0.166）	-0.986（0.165）	0.985（0.166）	0.692	0.637
	GVS	1.475（0.160）	0.988（0.156）	-0.987（0.157）	0.982（0.162）	0.916	0.897
150	LVS	1.495（0.129）	0.989（0.128）	-0.993（0.133）	0.989（0.129）	0.695	0.637
	GVS	1.483（0.136）	0.990（0.138）	-0.995（0.136）	0.993（0.125）	0.922	0.932
200	LVS	1.495（0.117）	0.994（0.112）	-0.988（0.117）	0.994（0.116）	0.729	0.632
	GVS	1.488（0.114）	0.998（0.107）	-0.994（0.108）	0.993（0.113）	0.945	0.949

注：括号内为标准差，ρ 表示无效组中的参数估为 0 的比例。

表 3-2　在分组形式 S2 的情形下，LASSO 型变量选择方法（LVS）与提出的 group 型变量选择方法（GVS）的变量选择及参数估计结果

n	Method	$\beta_1=1.5$	$\beta_2=(1,\ -1)^T$		$\beta_3=(1,\ 0)^T$			$\beta_4=(0,\ 0,\ 0,\ 0)^T$
		$\hat{\beta}'_0$	$\hat{\beta}'_1$	$\hat{\beta}'_2$	$\hat{\beta}'_3$	$\hat{\beta}'_4$	ρ_1	ρ
50	LVS	1.483 (0.249)	0.968 (0.246)	−0.974 (0.260)	0.963 (0.250)	−0.002 (0.137)	0.738	0.414
	GVS	1.491 (0.247)	0.951 (0.241)	−0.957 (0.244)	0.932 (0.261)	0.002 (0.200)	0.005	0.667
100	LVS	1.492 (0.158)	0.995 (0.166)	−0.986 (0.165)	0.985 (0.166)	0.002 (0.086)	0.796	0.569
	GVS	1.485 (0.155)	0.977 (0.158)	−0.973 (0.157)	0.953 (0.175)	−0.002 (0.136)	0	0.853
150	LVS	1.495 (0.129)	0.989 (0.128)	−0.993 (0.133)	0.989 (0.129)	−0.001 (0.072)	0.797	0.575
	GVS	1.482 (0.125)	0.988 (0.132)	−0.985 (0.130)	0.975 (0.132)	0.008 (0.120)	0	0.908
200	LVS	1.495 (0.117)	0.994 (0.112)	−0.988 (0.117)	0.994 (0.116)	0.005 (0.058)	0.816	0.581
	GVS	1.491 (0.114)	0.990 (0.117)	−0.990 (0.119)	0.977 (0.119)	0.003 (0.096)	0	0.935

注：在括号内为标准差，ρ 表示无效组中的参数估为 0 的比例，ρ_1 表示第 3 组中 0 元估为 0 的频率。

下面深入研究压缩估计方法的稳健性质。模型（3-4）中的误差项取为两个重尾分布：标准柯西分布（Cauchy）与混合分布（Mixture）$0.5\times N(0, 1)+0.5\times$Cauchy（这意味着误差项来自 $N(0, 1)$，但是意外值源于柯西分布）。在表3-3 中列出了样本为 150 的有效组中系数估计均值，ρ 以及 ρ_1。表 3-3 上下两栏分别与表 3-1 和表 3-2 相对应。对比表3-1、表 3-2 与表 3-3 可知：当误差分布取为重尾分布，有效组中参数估计的偏差及标准差均增大了，同时无效组的 ρ 上升。总而言之，数值模拟结果是令人满意的。

3.4 案例

在本节，我们将 group 型压缩估计方法应用到 Mroz（1987）中的女性劳动力供给数据，原始数据一共是 753 个记录。可是，因为某些原因，只有其中一部分数据可供研究。现在这部分可用数据共有 250 个，其中 150 人的工作时间记录是正的，其余人为 0。数据中共有 18 个变量，例如，妻子每年工作时间（WHRS）、妻子年龄（WW）和丈夫年龄

表 3-3　当样本量 $n=150$ 时，误差服从混合分布及柯西分布的 group 型变量选择和参数估计结果

S1

Error distr.	Method	$\beta_1=1.5$	$\beta_2=(1, -1, 1)^T$			$\beta_3=(0, 0)^T$	$\beta_4=(0, 0, 0)^T$
		$\hat{\beta}'_0$	$\hat{\beta}'_1$	$\hat{\beta}'_2$	$\hat{\beta}'_3$	ρ	ρ
Mixture	LVS	1.495 (0.146)	0.972 (0.166)	-0.972 (0.153)	0.963 (0.164)	0.845	0.789
	GVS	1.479 (0.17)	0.987 (0.147)	-0.99 (0.151)	0.983 (0.144)	0.967	0.977
Cauchy	LVS	1.480 (0.200)	0.935 (0.228)	-0.930 (0.233)	0.951 (0.229)	0.853	0.831
	GVS	1.464 (0.208)	0.972 (0.185)	-0.98 (0.182)	0.974 (0.187)	0.978	0.986

S2

Error distr.	Method	$\beta_1=1.5$	$\beta_2=(1, -1, 1)^T$		$\beta_3=(0, 0)^T$			$\beta_4=(0, 0, 0)^T$
		$\hat{\beta}'_0$	$\hat{\beta}'_1$	$\hat{\beta}'_2$	$\hat{\beta}'_3$	$\hat{\rho}'_4$	ρ_1	ρ
Mixture	LVS	1.495 (0.146)	0.972 (0.166)	-0.972 (0.153)	0.963 (0.164)	0.000 (0.055)	0.892	0.767
	GVS	1.483 (0.157)	0.968 (0.151)	-0.970 (0.155)	0.951 (0.171)	0.006 (0.130)	0.001	0.970
Cauchy	LVS	1.480 (0.200)	0.935 (0.228)	-0.930 (0.233)	0.951 (0.229)	-0.002 (0.076)	0.891	0.796
	GVS	1.467 (0.206)	0.937 (0.213)	-0.94 (0.215)	0.896 (0.266)	-0.003 (0.144)	0.037	0.974

注：在括号内为标准差，ρ 表示无效组中的参数估为 0 的比例，ρ_1 表示第 3 组中 0 元估为 0 的频率。

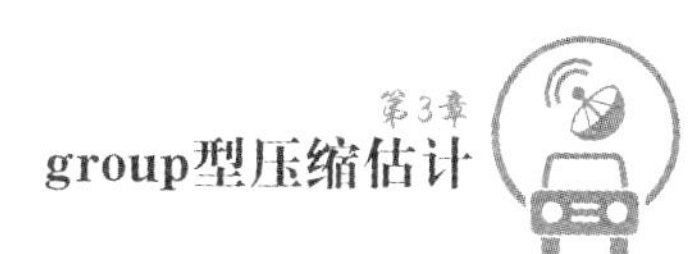

（HW）等。具体情况如表 3-4 所示。响应变量是妻子每年工作时间，相应的记录是正的或是零。对于变量进行标准化以保证尺度一致，特别地，标准化响应变量后仍将响应变量原始记录中的零元视为零处理。在此基础上就能利用删失回归模型（3-1）进行统计建模。

表 3-4 女性劳动力供给数据中的变量解释

Variable name	Description	Variable name	Description
WHRS	Wife's hours of work	HA	Husband's age
WE	Wife's educational attainment	HE	Husband's educational attainment
WW	Wife's wage	HW	Husband's wage
RPWG	Wife's reported wage	FAMINC	Family income
AX	Wife's actual work experience	MTR	Marginal tax rate for wife
WA	Wife's age	WMED	Wife's mother education
KL6	Number of children（age≤ 6）	WFED	Wife's farther education
K618	Number of children（6<age<18）	UN	Unemployment rate
HHRS	Husband's hours of work	CIT	Indicator of large city

数据集中的一些变量间存在强相关，例如，妻子年龄（WA）与丈夫年龄（HA）、妻子收入（WW）与妻子申报收入（RPWG）、家庭收入（FAMINC）与妻子的边际税率（MTR），等等。因此，从模型删去 HA、RPWG 和 FAMINC。为应用 group 型压缩估计方法，需要将含截距项在内的 15 个变量分

组。因为分组方式不是唯一的，只是以现在的分组方式为例展示方法的效果，截距项自然看成一组，记为1组（G1）。WW、MTR、妻子受教育程度（WE）与妻子实际工作经历（AX）是与妻子相关的变量，且存在密切内在联系，故分为一个组，记为2组（G2）。基于类似的原因，将丈夫受教育程度（HE）与丈夫收入（HW）分入3组（G3）；岳母受教育程度（WMED）与岳父受教育程度（WFED）放入4组（G4）。年龄不大于6岁的子女个数（KL6）与年龄在6~18岁的子女个数（K618）都是家庭子女特征，故一起放入5组（G5）。失业率（UN）可能与城市有关，故失业率（UN）与是否在大城市（CIT）的示性变量被放在6组（G6）。其余两个变量：WA与丈夫工作时间（HHRS）视作单个变量处理，分别记为7组（G7）和8组（G8）。

基于删失回归模型建模得到的系数估计记录在表3-5中。其中，第3列与第4列分别给出通过未考虑组形式的LVS与GVS得到的系数估计结果。由表3-5可以看出，GVS选取的变量多于LVS。例如，被GVS选中的变量——妻子年龄（WA）的系数是-0.390，而GVS得到的估计却是0。尤其是与G2、G3、G5对应的系数，GVS给出的估计

是非零的，LVS 给出的估计是全为零或者部分为零。表明基于以上的分组情况，GVS 在变量选择方面优于 LVS。

表 3-5　女性劳动力供给数据的参数估计结果

Group	Parameter	LVS	GVS	Group	Parameter	LVS	GVS
G1	intercept	0. 679	0. 470	G5	KL6	-0. 026	-0. 269
G2	WE	0	-0. 270		K618	0	-0. 170
	WW	0. 710	0. 693	G6	UN	0	0
	MTR	0	-0. 354		CIT	0	0
	AX	0. 130	0. 402	G7	WA	0	-0. 390
G3	HE	0	-0. 036	G8	HHRS	0	0
	HW	0	-0. 121	—			
G4	WMED	0	0				
	WFED	0	0				

3.5　结论

针对删失回归模型，本章给出一种基于已确定解释变量分组形式的 group 压缩估计方法。通过数值模拟及实际例子说明，与 LASSO 型变量选择（LVS）方法相比，与 group 型压缩估计方法相应的 group 型变量选择方法（GVS）具有良好区分有效组与无效组的能力。

3.6 理论证明

3.6.1 定理 3.1 的证明

令 $\alpha_n = n^{-\frac{1}{2}} + a_n$，$u = (u_1^T, \cdots, u_s^T)^T$ 和 $\|u\| = c$，其中 c 是一充分大的常数。对于定理的证明，只需证明对于任意的 ε（$0<\varepsilon$），当 n 充分大时，有：

$$P\{\inf_{\|u\|=c} Q_n(\beta + \alpha_n u) > Q_n(\beta)\} \geqslant 1 - \varepsilon \tag{3-6}$$

这就说明 $Q_n(\beta)$ 的一个局部极小值点 $\hat{\beta}$ 落入球 $\{\beta + \alpha_n u: \|u\| \leqslant c\}$ 的概率至少是 $1-\varepsilon$，即 $\|\hat{\beta} - \beta\| = O_p(\alpha_n)$。由 $Q_n(\beta)$ 的定义知：

$$\begin{aligned}
&Q_n(\beta + \alpha_n u) - Q_n(\beta) \geqslant \\
&\frac{1}{n}\sum_{i=1}^{n} |y_i^+ - (x_i^T\beta + \alpha_n x_i^T u)^+| - \frac{1}{n}\sum_{i=1}^{n} |y_i^+ - (x_i^T\beta)^+| + \\
&\sum_{j=1}^{s_0} \lambda_{nj}\|\beta_j + \alpha_n u_j\| - \sum_{j=1}^{s_0} \lambda_{nj}\|\beta_j\| = I + II
\end{aligned} \tag{3-7}$$

由欧式范数的三角不等式及 $a_n = O_p(\alpha_n)$ 可得：

$$II \leqslant \sum_{j=1}^{s_0} \alpha_n \lambda_{nj} \|u_j\| \leqslant s_0 a_n \alpha_n \|u\| = s_0 \alpha_n^2 \|u\| O_p(1) \tag{3-8}$$

由 Wang 等（2010）可知：

$$I = -\frac{1}{n} \sum_{i=1}^{n} \alpha_n x_i^T u \, \mathrm{sgn}(e_i) I(\mu_i > 0) + f(0) \alpha_n^2 u^T V^2 u + o_p(\frac{1}{n} + \alpha_n^2 u^T V^2 u)$$

其中，sgn（·）是符号函数。因为$\frac{1}{\sqrt{n}} \sum_{i=1}^{n} x_i \mathrm{sgn}(e_i) I(\mu_i > 0) \xrightarrow{d} N(0, V^2)$与$n^{-1/2} = O_p(\alpha_n)$，所以（3-9）成立。

$$I = -\alpha_n^2 \|u\| O_p(1) + f(0) \alpha_n^2 u^T V^2 u (1 + o_p(1)) \tag{3-9}$$

由式（3-8）与式（3-9）可知，c 取得足够大时，在 $\|u\| = c$ 上 $f(0)\ \alpha_n^2 u^T V^2 u$ 控制其余项。因为 $f(0) \alpha_n^2 u^T V^2 u$ 恒正，所以表达式（3-6）成立。

3.6.2 定理 3.2 的证明

由定理 3.1 与 $a_n = o_p(n^{-1/2})$ 可知，c 取得足够大时，$\hat{\beta}$ 落进球 $\{\beta + \alpha_n u : \|u\| \leqslant c\}$（$\alpha_n = n^{-\frac{1}{2}}$）的概率趋于 1，记

$\hat{\beta}_n=(\hat{\beta}_a^T, 0)^T$，$r_k=(0, \cdots, u_k^T, \cdots, 0)^T$，其中 u_k 是在第 k 组，且 $\|u_k\|=1$，$k=s_0+1, \cdots, s$。令

$$\begin{aligned}H(t) &= Q_n(\hat{\beta}_n+tr_k)-Q_n(\hat{\beta}_n)\\ &= \frac{1}{n}\sum_{i=1}^n|y_i^+-(x_i^T\hat{\beta}_n+tx_i^Tr_k)^+|-\frac{1}{n}\sum_{i=1}^n|y_i^+-\\ &\quad (x_i^T\hat{\beta}_n)^+|+\lambda_{nk}|t|\cdot\|u_k\|\\ &= \frac{1}{n}\sum_{i=1}^n|y_i-(x_i^T\hat{\beta}_n+tx_i^Tr_k)^+|-\frac{1}{n}\sum_{i=1}^n|y_i-\\ &\quad (x_i^T\hat{\beta}_n)^+|+\lambda_{nk}|t|\\ &= \frac{1}{n}\sum_{i=1}^n\int_{(x_i^T\hat{\beta}_n)^+}^{(x_i^T\hat{\beta}_n+tx_i^Tr_k)^+}\operatorname{sgn}(v-y_i)dv+\lambda_{nk}|t|\end{aligned}$$

进而有

$$\begin{aligned}&\frac{\mathrm{d}H(t)}{\mathrm{d}t}\\ =&\ \frac{1}{n}\sum_{i=1}^n\operatorname{sgn}(-e_i+(x_i^T\hat{\beta}_n+tx_i^Tr_k)^+-x_i^T\beta)\\ &\ \frac{\mathrm{d}(x_i^T\hat{\beta}_n+tx_i^Tr_k)^+}{\mathrm{d}t}+\lambda_{nk}\operatorname{sgn}(t)\\ =&\ \frac{1}{n}\sum_{i=1}^n\operatorname{sgn}(-e_i+(x_i^T\hat{\beta}_n+tx_i^Tr_k)^+-x_i^T\beta)\\ &\ I(x_i^T\hat{\beta}_n+tx_i^Tr_k>0)x_i^Tr_k\\ &\ +\frac{1}{n}\sum_{i=1}^n\operatorname{sgn}(-e_i+(x_i^T\hat{\beta}_n+tx_i^Tr_k)^+-x_i^T\beta)\end{aligned}$$

$$
\begin{aligned}
&(x_i^T\hat{\beta}_n+tx_i^Tr_k)D(x_i^T\hat{\beta}_n+tx_i^Tr_k)x_i^Tr_k+\lambda_{nk}\mathrm{sgn}(t)\\
=\ &\frac{1}{n}\sum_{i\in M}\mathrm{sgn}(-e_i+x_i^T\hat{\beta}_n+tx_i^Tr_k-x_i^T\beta)x_i^Tr_k+\\
&\frac{1}{n}\sum_{i=1}^{n}\mathrm{sgn}(-e_i+(x_i^T\hat{\beta}_n+tx_i^Tr_k)^+-x_i^T\beta)\\
&(x_i^T\hat{\beta}_n+tx_i^Tr_k)D(x_i^T\hat{\beta}_n+tx_i^Tr_k)x_i^Tr_k+\lambda_{nk}\mathrm{sgn}(t)\\
=\ &\frac{1}{n}\sum_{i\in M}\mathrm{sgn}(-e_i+x_i^T\hat{\beta}_n+tx_i^Tr_k-x_i^T\beta)x_i^Tr_k+\lambda_{nk}\mathrm{sgn}(t)
\end{aligned}
$$

其中，$M=\{1\leqslant i\leqslant n:x_i^T\hat{\beta}_n+tx_i^Tr_k>0\}$, $D(\cdot)$是 Dirac delta 函数。因 $D(\cdot)$ 是 Dirac delta 函数，则 $xD(x)=0$。由（A4）和（A6）知，$\frac{1}{n}\sum_{i=1}^{n}\|x_i\|^2=O(1)$和$\max\limits_{1\leqslant i\leqslant n}|n^{-1/2}x_i^Tf_k|=o(1)$。由此易推知

$$
\begin{aligned}
&\frac{1}{\sqrt{n}}\sum_{i\in M}\mathrm{sgn}(-e_i+x_i^T\hat{\beta}_n+tx_i^Tr_k-x_i^T\beta)x_i^Tr_k=\\
&O_p(1),\ 0\neq|t|\leqslant cn^{-\frac{1}{2}}
\end{aligned}
$$

当$0\neq|t|\leqslant cn^{-\frac{1}{2}}$时，由（A8）可得

$$
\begin{aligned}
\frac{\mathrm{d}H(t)}{\mathrm{d}t}\ =\ &\frac{1}{\sqrt{n}}(\frac{1}{\sqrt{n}}\sum_{i\in M}\mathrm{sgn}(-e_i+x_i^T\hat{\beta}_n+tx_i^Tr_k-\\
&x_i^T\beta)x_i^Tr_k+\sqrt{n}\lambda_{nk}\mathrm{sgn}(t))\\
=\ &\frac{1}{\sqrt{n}}(O_p(1)+\sqrt{n}\lambda_{nk}\mathrm{sgn}(t))
\end{aligned}
$$

明显看出，$\mathrm{d}H(t)/\mathrm{d}t$ 的符号取决于 t 的符号。至此，定理的（a）部分证毕。

为叙述方便，令 $\gamma_n=\hat{\beta}_a-\beta_a$，$u_n=\sqrt{n}\gamma_n$，由 $Q_n(\beta)$ 的定义可知：

$$\begin{aligned} & Q_n((\hat{\beta}_a^T,0)^T)-Q_n((\beta_a^T,0)^T) \\ = & -\frac{1}{n}\sum_{i=1}^{n}x_{i1}^T\gamma_n\mathrm{sgn}(e_i)I(\mu_i>0)+\frac{1}{n}f(0)\gamma_n^T\sum_{i=1}^{n} \\ & x_{i1}x_{i1}^TI(\mu_i>0)\gamma_n+\sum_{j=1}^{s_0}\lambda_{nj}(\|\hat{\beta}_j\|-\|\beta_j\|)+ \\ & o_p(\frac{1}{n}+\gamma_n^TV_1\gamma_n) \end{aligned}$$

其中，x_{i1} 是由 x_i 前$d(=\sum\limits_{j=1}^{s_0}d_j)$个元素组成的向量。定义函数：

$$\begin{aligned} B_n(u)= & -n^{-1/2}\sum_{i=1}^{n}x_{i1}^Tu\,\mathrm{sgn}(e_i)I(\mu_i>0)+f(0)u^TV_1u+ \\ & \sum_{j=1}^{s_0}n^{1/2}\lambda_{nj}(\|n^{1/2}\beta_j+u_j\|-\|n^{1/2}\beta_j\|) \end{aligned}$$

其中，$u=(u_1^T,\ \cdots,\ u_{s0}^T)^T$。因 $a_n=o(n^{-1/2})$，故 $B_n(u)$ 的一个极小值点为$\tilde{u}_n=(2f(0)V_1)^{-1}\{n^{-1/2}\sum\limits_{i=1}^{n}x_{i1}\mathrm{sgn}(e_i)I(\mu_i>0)+o_p(1)\}$。

又因$n^{-1/2}\sum\limits_{i=1}^{n} x_{i1}\mathrm{sgn}(e_i)\,I(\mu_i>0)\xrightarrow{d}N(0,V_1)$，则$2f(0)V_1$

$\tilde{u}_n\xrightarrow{d}N(0,V_1)$。

类似于 Wang 等（2010）中定理 2.2 的证明，可得

$u_n\overset{d}{=}\tilde{u}_n$。

定理证毕。

第4章 压缩估计分布的随机加权逼近

4.1 引言

删失回归模型是对响应变量施加非负限制的回归模型，具体如式（4-1）所示。

$$y_i^+ = (x_i^T\beta + e_i)^+,\ \ i = 1, \cdots, n \tag{4-1}$$

其中，$y_i^+ = \max(y_i,\ 0)$，$\{x_i\}$ 是 p 维设计序列，$\{e_i\}$ 是随机误差项序列，β 是未知 p 维回归参数。

删失回归模型在计量经济学中有重要应用，一般用于研究对象测量值受到事先设定的最小值或最大值限制，如测量工具量程，以已婚女性劳动力供给的研究工作为例。若已婚女性待

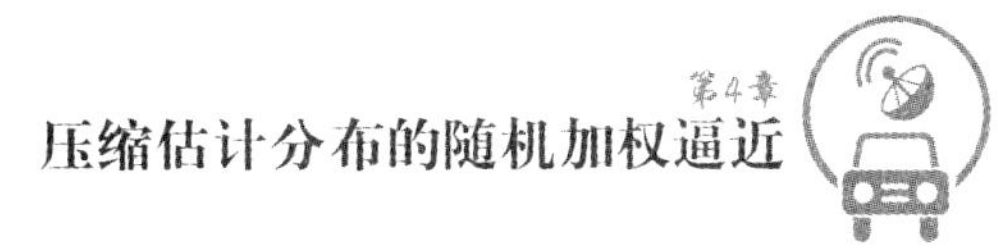

业，其工作时长记录为零，具体研究工作可参见 Heckman 和 MaCurdy（1980）、Mroz（1987）和 Islam（2007）。

类似于线性模型的变量选择方法，如 LASSO（Least Absolute Shrinkage and Selection Operator，Tibshirani（1996））、SCAD（Smoothly Clipped Absolute Deviation，Fan 和 Li（2001）），Wang 等（2010）与 Liu 等（2011a）分别提出模型（4-1）的 LASSO 型压缩估计方法与 SCAD 型压缩估计方法。这些方法可选出对模型有贡献的重要变量，并且给出对应参数的估计，但是上述方法均未考虑变量间的关联性。因此，受 group LASSO（Yuan 和 Lin，2006）的启示，对于删失回归模型，Liu 等（2011b）提出了一种 group 型压缩估计方法，只是通过 SCAD 型压缩估计方法或 group 型压缩估计方法所得参数压缩估计的渐近分布均与未知冗余参数有关，例如随机误差项概率密度函数。因此参数的统计推断需要估计误差项概率密度函数。一般而言，估计误差项概率密度函数难度较大，尤其是在样本量较小时。

采用随机加权方法能逼近参数估计分布而无须估计冗余参数。例如，Wu 和 Zhao（1999）采用随机加权方法在宽松的条件下逼近线性模型 M 估计分布，并证明了分布逼近的渐近有效性。在此之后，Wu 等（2007）采用随机加权方法逼近线性模型 M 检验统计量分布。对于删失回归模型，Wang 等（2009）应用随机加权方法逼近线性假设检验统计量分布。

受到 Wang 等（2009）的启示，本书采用随机加权方法逼近删失回归模型中参数压缩估计的分布，得到参数的一个随机加权估计，并给出了逼近分布的一个步骤程序。该方法无须估计冗余参数，直接可以获得参数压缩估计的方差估计。

4.2 主要结果

假定解释变量分成 s 个小组，即 x_i 分成 s 个组，$x_i=(x_{i1}^T, \cdots, x_{is}^T)^T$，其中 x_{ij} 是 d_j 维子向量。模型（4-1）改写成

$$y_i^+=(\sum_{j=1}^{s}x_{ij}^T\beta_j+e_i)^+,\ i=1,\cdots,n \tag{4-2}$$

其中，$\beta_j=(\beta_{j1}, \cdots, \beta_{jd_j})^T$ 是与第 j 组对应的回归系数，那么 $\beta=(\beta_1^T, \cdots, \beta_s^T)^T$。若每个组中只有一个解释变量，$d_j=1$，则分组形式转变为 Wang 等（2010）中研究的类型，

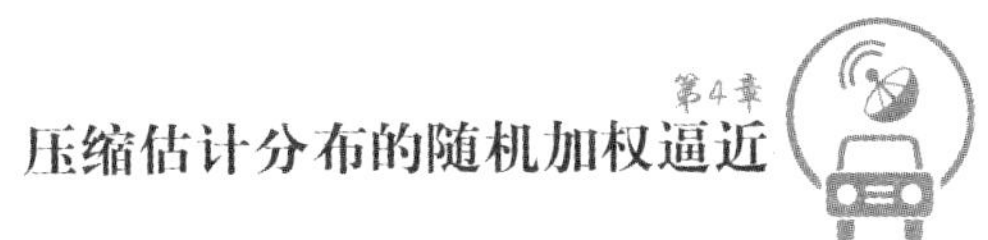

在 s 个小组里，只有 $s_0(s_0\leqslant s)$ 个组对于响应变量起作用，被称为有效组；反之，就是无效组。不失一般性地，假定前 s_0 个组是有效组。因而回归系数 β_j 满足：当 $j\leqslant s_0$ 时，$\|\beta_j\|\neq 0$；当 $j>s_0$ 时，$\beta_j=0$。

对模型（4-2），Liu 等（2011b）提出一种选择有效组的 group 型参数压缩估计方法，进而获得 β 的压缩估计 $\hat{\beta}$。$\hat{\beta}$ 是准则函数 $Q_n(\beta)$ 的极小值点：

$$Q_n(\beta)=\frac{1}{n}\sum_{i=1}^{n}|y_i^+-(\sum_{j=1}^{s}x_{ij}^T\beta_j)^+|+\sum_{j=1}^{s}\lambda_{nj}\|\beta_j\| \quad (4-3)$$

其中，调节系数 $\lambda_{nj}\in R^+$，$j=1$，…，s。当 $d_j=1$ 时，（4-3）就是 Wang 等（2010）中所用的压缩估计准则函数。记 $\mu_i=x_i^T\beta$，$S_n=\sum_{i=1}^{n}I\ (\mu_i>0)\ x_ix_i^T$。在 Liu 等（2011b）中给出了与有效组对应的回归系数 $\beta_a=(\beta_1^T,\ \cdots,\ \beta_{s_0}^T)^T$ 的渐近分布，如式（4-4）所示：

$$\sqrt{n}(\hat{\beta}_a-\beta_a)\xrightarrow{d}N(0,(4f^2(0)V_1)^{-1}) \quad (4-4)$$

其中，$\hat{\beta}_a=(\hat{\beta}_1^T,\ \cdots,\ \hat{\beta}_{s_0}^T)^T$，$f(\cdot)$ 是模型（4-1）中误差项 e 的概率密度函数与 V_1 是由 S_n/n 的极限 V^2 中前 $d(=\sum_{j=1}^{s_0}d_j)$ 行及 d 列组成的矩阵。

由式（4-4）可知，$\hat{\beta}$ 的渐近分布依赖未知参数β与 $f(0)$。因此，估计$\hat{\beta}$的统计推断需要估计$f(0)$。Zhao（2004）给出了$f(0)$的相合估计，如式（4-5）所示。

$$\hat{f}(0)=\sum_{i=1}^{n} I(x_i^T\tilde{b}_n>0)I(0<y_i^+-x_i^T\tilde{b}_n\leqslant h)/\sum_{i=1}^{n}(hI(x_i^T\tilde{b}_n>0)) \tag{4-5}$$

其中，$\tilde{b}_n$是β的相合估计，h 是事先设定的窗宽。因窗宽 h 选取的原因，所以估计$\tilde{f}(0)$较为粗糙，由此难以有效逼近$\hat{\beta}$分布。鉴于此，我们给出 group 型压缩估计准则函数 $Q_n(\beta)$ 的一个随机加权版本，如式（4-6）所示。

$$Q_n{}^*(\beta)=\frac{1}{n}\sum_{i=1}^{n}\omega_i|y_i^+-(\sum_{j=1}^{s}x_{ij}^T\tilde{\beta}_j)^+|+\sum_{j=1}^{s}\lambda_{nj}\|\tilde{\beta}_j\| \tag{4-6}$$

其中，ω_i（$i=1, \cdots, n$）是非负权变量。准则函数 $Q_n^*(\beta)$ 的极小值点记为$\hat{\beta}^*$，则$\hat{\beta}^*$可以作为β的随机加权估计。我们的想法是，给定样本 $\{y_i^+, i=1, \cdots, n\}$ 下的$\hat{\beta}^*$条件分布可用于逼近$\hat{\beta}$分布。

为简便起见，所以记 $a_n=\max\{\lambda_{nj}, j\leqslant s_0\}$，$b_n=\min\{\lambda_{nj}, j>s_0\}$。

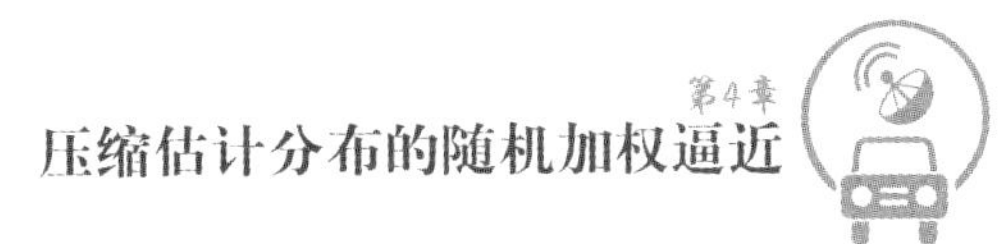

为支持随机加权的理论结果，需要以下条件：

（A1）e_1，e_2，…是i. i. d. 随机变量，并且e_i的分布函数F的中位数是0，且在0处有正的导数$f(0)$。

（A2）β所在参数空间B是R^p中的一个有界开凸集（其闭包是$\bar{B}$），并且$0 \in B$。

（A3）当$n \to \infty$，$S_n/n \to V^2$，其中V^2是正定阵。

（A4）对于任意的$\gamma>0$，存在有限的$\alpha>0$，当n充分大时，使得$\frac{1}{n}\sum_{i=1}^{n}\|x_i\|^2 I(\|x_i\| > \alpha) < \gamma$,。

（A5）对于任意的$\gamma>0$，存在有限的$\delta>0$，当n充分大时，使得$\frac{1}{n}\sum_{i=1}^{n}\|x_i\|^2 I(|\mu_i| \leqslant \delta) < \gamma$。

（A6）$\max\{\|x_i\| : i=1,\cdots,n\} = o(\sqrt{n})$。

（A7）$a_n = o_p(n^{-1/2})$, $\sqrt{n}b_n \xrightarrow{p} \infty$。

（A8）ω_1，ω_2，…是有界的i. i. d. 非负变量，与$\{y_i\}$独立。且满足$E(\omega_1)=1$与$\mathrm{Var}(\omega_1)=\sigma^2$。

注意：（A1）至（A5）是删失回归模型中的一般性条件，具体可见Wang等（2010）。（A6）是证明$\hat{\beta}^*$稀疏性质的技术性条件，源自Wang和Leng（2008）的（A7）是用于确保估计$\hat{\beta}^*$的渐近正态性质，（A8）是随机加权方法中的经典条件。

定理 4.1 （A1）至（A6）以及（A8）成立，$a_n = o_p(1)$，则存在 $Q_n^*(\beta)$ 的局部极小值点 $\hat{\beta}^*$ 满足 $\|\hat{\beta}^* - \beta\| = O_p(n^{-\frac{1}{2}} + a_n)$。

由定理 4.1 可知，在一定的条件下，随机加权估计 $\hat{\beta}^*$ 是 β 的相合估计。若对于调节系数 λ_{nj} 施加苛刻的条件，即（A7）成立，那就能得到 $\hat{\beta}^*$ 的稀疏性质以及渐近正态分布性质，如下所示：

定理 4.2 假设条件（A1）至（A8）成立，则定理 4.1 中 $\sqrt{n}$ 相合的局部极小值点 $\hat{\beta}^* = (\hat{\beta}_a^{*T}, \hat{\beta}_b^{*T})^T$ 依概率满足：

（a）$\hat{\beta}_b^* = 0$；

（b）$\sqrt{n}(\hat{\beta}_a^* - \beta_a) = (2f(0)n^{1/2}V_1)^{-1}\sum_{i=1}^{n}\omega_i x_{ia}\mathrm{sgn}(e_i)I(\mu_i > 0) + o_p(1)$，其中，$V_1$ 是由 V^2 前 $d(=\sum_{j=1}^{s_0} d_j)$ 行及 d 列组成的矩阵，x_{ia} 是由 x_i 的前 d 元构成的向量。

当权变量 $\omega \equiv 1$ 时，则有 $\hat{\beta}^* = \hat{\beta}$，进而定理 4.2 的渐近分布就与式（4-4）的渐近分布一致，从定理 4.2 易推出下面的定理。

定理 4.3 假设定理 4.2 中条件满足，则：

$$\mathcal{L}^*(\sqrt{n}(\hat{\beta}_a^* - \hat{\beta}_a)/\sigma) \to N(0, (4f^2(0)V_1)^{-1}) \quad in\ pr$$

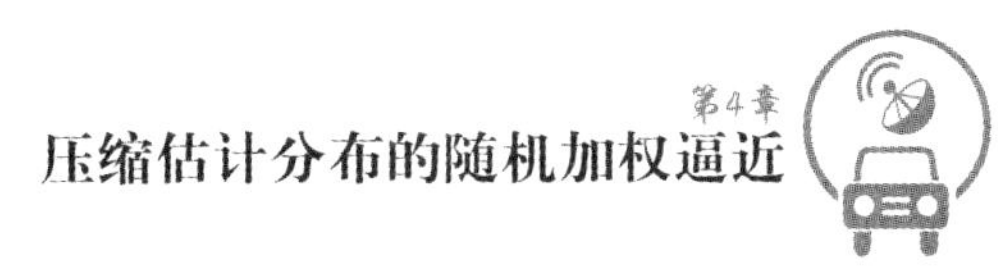

进一步有：

$$\sup_u |P^*(\sqrt{n}(\hat{\beta}_a^* - \hat{\beta}_a)/\sigma \leqslant u) - P(\sqrt{n}(\hat{\beta}_a - \beta_a) \leqslant u)| \to 0 \quad in\ pr$$

记号$\mathcal{L}^*$与P^*表示在给定样本条件下的概率计算，上式中u取遍所有d维向量，不等式是指对向量的每个分量不等式都成立。

由定理4.3可知，给定样本$\{y_i^+, i=1, \cdots, n\}$下$\hat{\beta}^*$的条件极限分布与$\hat{\beta}$的极限分布相同。因而，可以采用$\hat{\beta}^*$的条件分布逼近$\hat{\beta}$分布。基于定理4.3，我们给出一个随机加权计算步骤，具体实施程序如下：

给定样本$\{y_i^+, i=1, \cdots, n\}$。

（1）从满足（A9）的权分布中独立产生n个权ω_i，$i=1, \cdots, n$。

（2）最小化$Q_n^*(\beta)$得到β_a的一个估计$\hat{\beta}_a^*$。

（3）重复步骤（1）和步骤（2）N次，得到N个β_a的估计，记为$\{\hat{\beta}_{ak}^*, k=1, \cdots, N\}$。

（4）利用$\{\hat{\beta}_{ak}^*, k=1, \cdots, N\}$的经验分布与经验方差分别来估计$\hat{\beta}$的分布及方差。

可以看出，该随机加权计算步骤无须估计冗余参数$f(0)$。定理4.3进一步说明，$\{\hat{\beta}_{ak}^*, k=1, \cdots, N\}$的经验分布与经验方差能够有效地估计 $\hat{\beta}$ 的分布及方差。

4.3 数值分析

在使用随机加权方法前，需要确定调节系数 $\{\lambda_{nj}\}$。$\{\lambda_{nj}\}$ 可按照如下方式构造：

$$c_{jk}=\frac{\eta}{n}\times(\frac{\sqrt{n}|b_{jk}|}{|a_{jk}|})^{\tau},\ k=1,\cdots,d_j,\ \text{常数}\ \tau>1\ \text{与}\ \eta>0$$
$$\lambda_{nj}=\min\{c_{jk}:k=1,\cdots,d_j\},\ j=1,\cdots,s \tag{4-7}$$

其中，a_{jk} 与 b_{jk}、$k=1$，…，d_j；$j=1$，…，s、分别是模型（4-1）最小绝对偏差估计 $\hat{\beta}_{L_1}$（Powell，1984）中元素及相应元素标准差。关于 τ 与 η 的选取，为减轻计算强度，取 $\tau=1.5$ 以及采用 BIC 准则选取 η。BIC 准则函数是

$$BIC(\eta)=n\times\frac{L_n(\hat{\beta}^*(\eta))}{L_n(\hat{\beta}_{L_1})}+\frac{\log n}{2}\times\sum_{j=1}^{s}\sum_{k=1}^{d_j}I(\hat{\beta}^*_{jk}\neq 0)$$

其中，$L_n(\beta)=nQ^*(\beta)=\sum_{i=1}^{n}\omega_i\left|y_i^+-(\sum_{j=1}^{s}x_{ij}^T\tilde{\beta}_j)^+\right|$，最小化 $BIC(\eta)$ 选取 η。

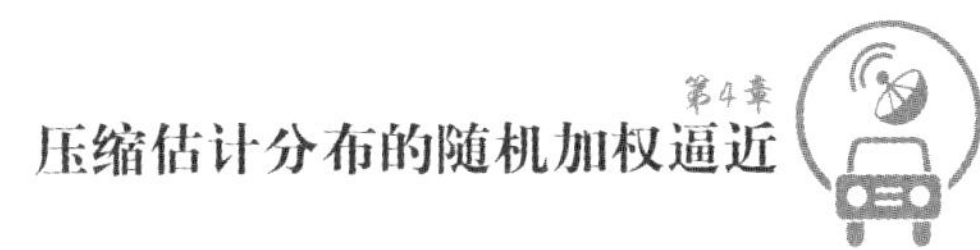

数据产生于模型（4-8）。

$$y_i^+ = (\beta_0 + \sum_{j=1}^{8} x_{ji}\beta_j + e_i)^+ \tag{4-8}$$

其中，x_{ji}（$j=1, 2, \cdots, 8$）及误差项 e_i 均服从标准正态分布 $N(0, 1)$，$\beta=(\beta_0, \beta_1, \cdots, \beta_8)=(1.5, 1, -1, 1, 0, 0, 0, 0, 0)^T$。样本量分别是 $n=100$ 和 200。权变量 ω_i 抽自三个不同分布：①0-2 伯努利分布（Bernoulli），且 $P(\omega=0)=P(\omega=2)=0.5$；②参数是 2 与 1 的贝塔分布，记为 Beta（2，1），为保证 ω 的期望为 1，Beta（2，1）需乘上参数 1.5（Beta）；③期望为 1 的指数分布（Exp）。模拟过程重复 100 次，随机加权次数是 1000。

在数值分析前，需确定解释变量分组形式，包括截距项在内的 9 个变量按照 3 种不同形式分组：①每个变量视为一组，记为 S1；②分为 4 组，$\beta=(\tilde{\beta}_1^T, \tilde{\beta}_2^T, \tilde{\beta}_3^T, \tilde{\beta}_4^T)^T$，其中 $\tilde{\beta}_1=\beta_0=1.5$，$\tilde{\beta}_2=(\beta_1, \beta_2, \beta_3)=(1, -1, 1)$，$\tilde{\beta}_3=(\beta_4, \beta_5)=(0, 0)$，及 $\tilde{\beta}_4=(\beta_6, \beta_7, \beta_8)=(0, 0, 0)$ 记为 S2；③$\tilde{\beta}_1=\beta_0=1.5$，$\tilde{\beta}_2=(\beta_1, \beta_2)=(1, -1)$，$\tilde{\beta}_3=(\beta_3, \beta_4)=(1, 0)$，$\tilde{\beta}_4=(\beta_5, \beta_6, \beta_7, \beta_8)=(0, 0, 0, 0)$ 记为 S3。在分组形式 S2 中，有效组是 $\tilde{\beta}_1$ 及 $\tilde{\beta}_2$，无效组是 $\tilde{\beta}_3$ 及 $\tilde{\beta}_4$，而

S3 中有效组则是 $\tilde{\beta}_1$、$\tilde{\beta}_2$ 及 $\tilde{\beta}_3$，无效组是 $\tilde{\beta}_4$。

在不同分组形式 S1、S2 及 S3，和不同权变量 Bernoulli、Beta 及 Exp 情形下，随机加权估计 $\hat{\beta}^*$ 的结果分别在表 4-1、表 4-2 中给出。表 4-1 给出 β_a 的参数估计，而表 4-2 给出 $\hat{\beta}_a$ 的方差估计。表 4-1 中 $\hat{\beta}_a$ 是 Liu 等（2011b）中数值分析得到的有效组中系数估计平均值，而 Bernoulli、Beta 及 Exp 则分别表示取不同权变量时的有效组中系数估计平均值。从表 4-1 中可以看出，所有系数估计均接近于真实值，$\hat{\beta}_a^*$ 接近于 $\hat{\beta}_a$。说明 $\hat{\beta}_a^*$ 是 β_a 的良好估计。在表 4-2 中给出了 $\hat{\beta}_a$ 的经验方差与随机加权方法得到的方差估计结果，其中 $\hat{\beta}_a$ 的经验方差是通过 1000 次数值分析得到的。从表 4-2 中可以看出，通过随机加权方法得到的标准差估计与经验标准差差异较小，说明随机加权方法的有效性。从表 4-2 的 2~4 行可以看出，在三个不同权变量中，权变量 Exp 得到的方差估计最接近于经验方差。因此，建议实际应用时采用期望为 1 的指数分布为权变量。

表 4-1　三种不同分组形式参数估计结果

		S1				S2				S3				
		$\widetilde{\beta}_1$	$\widetilde{\beta}_2$	$\widetilde{\beta}_3$	$\widetilde{\beta}_4$	$\widetilde{\beta}_1$	$\widetilde{\beta}_2$			$\widetilde{\beta}_1$	$\widetilde{\beta}_2$		$\widetilde{\beta}_3$	
		1. 5	1	-1	1	1. 5	1	-1	1	1. 5	1	-1	1	0
100	$\hat{\beta}_a$	1. 493	0. 994	-0. 989	0. 991	1. 475	0. 988	-0. 987	0. 982	1. 485	0. 977	-0. 973	0. 953	-0. 002
	Bernoulli	1. 449	0. 991	-0. 996	1. 019	1. 463	1. 020	-1. 035	1. 013	1. 457	1. 020	-1. 017	0. 987	-0. 007
	Beta	1. 495	0. 996	-1. 008	1. 003	1. 513	0. 965	-0. 982	0. 978	1. 492	0. 988	-0. 980	0. 942	-0. 013
	Exp	1. 452	1. 009	-1. 026	1. 005	1. 454	1. 013	-1. 009	1. 002	1. 461	1. 020	-1. 023	1. 011	0. 001
200	$\hat{\beta}_a$	1. 489	0. 991	-0. 997	0. 987	1. 488	0. 998	-0. 994	0. 993	1. 491	0. 990	-0. 990	0. 977	0. 003
	Bernoulli	1. 479	1. 026	-1. 010	1. 002	1. 477	0. 999	-1. 019	1. 009	1. 479	1. 011	-0. 995	0. 993	-0. 013
	Beta	1. 504	0. 987	-1. 015	0. 988	1. 472	0. 992	-0. 991	0. 990	1. 501	0. 967	-0. 984	0. 971	-0. 031
	Exp	1. 463	0. 994	-1. 014	1. 014	1. 489	1. 003	-1. 003	1. 006	1. 481	1. 004	-1. 010	0. 991	0. 005

注：其中 $\hat{\beta}_a$ 来自 Liu 等（2011b），以及 Bernoulli、Beta 和 Exp 表示对三个不同权分布的随机加权估计 $\hat{\beta}_a^*$。

表 4-2　三种不同分组形式方差估计结果

		S1				S2				S3				
		$\widetilde{\beta}_1$	$\widetilde{\beta}_2$	$\widetilde{\beta}_3$	$\widetilde{\beta}_4$	$\widetilde{\beta}_1$	$\widetilde{\beta}_2$			$\widetilde{\beta}_1$	$\widetilde{\beta}_2$		$\widetilde{\beta}_3$	
		β_0	β_1	β_2	β_3	β_0	β_1	β_2	β_3	β_0	β_1	β_2	β_3	β_4
100	Empirical	0. 160	0. 159	0. 161	0. 168	0. 160	0. 156	0. 157	0. 162	0. 155	0. 158	0. 157	0. 175	0. 136
	Bernoulli	0. 158	0. 161	0. 166	0. 170	0. 189	0. 191	0. 187	0. 192	0. 198	0. 199	0. 196	0. 198	0. 177
	Beta	0. 183	0. 179	0. 184	0. 180	0. 188	0. 199	0. 210	0. 196	0. 187	0. 196	0. 200	0. 229	0. 168
	Exp	0. 174	0. 168	0. 175	0. 170	0. 176	0. 173	0. 180	0. 177	0. 179	0. 183	0. 189	0. 184	0. 161
200	Empirical	0. 107	0. 113	0. 118	0. 115	0. 114	0. 107	0. 108	0. 113	0. 114	0. 117	0. 119	0. 119	0. 096
	Bernoulli	0. 114	0. 117	0. 119	0. 116	0. 122	0. 121	0. 120	0. 122	0. 121	0. 125	0. 124	0. 127	0. 110
	Beta	0. 117	0. 120	0. 128	0. 125	0. 123	0. 129	0. 128	0. 127	0. 129	0. 134	0. 132	0. 141	0. 120
	Exp	0. 112	0. 112	0. 114	0. 117	0. 120	0. 118	0. 120	0. 122	0. 120	0. 121	0. 123	0. 125	0. 108

注：表中给出的是标准差的估计值。其中 Empirical 表示来自 Liu 等（2011b）中 1000 次数值模拟得到的结果，以及 Bernoulli、Beta 和 Exp 分别表示对三个不同权分布的随机加权估计 $\hat{\beta}_a^*$ 的方差估计。

我们以 β_3（β 的第四个元素）为例将随机加权方法得到的分布逼近与通过估计冗余参数 $f(0)$ 而得到的分布逼近进行比较。图 4-1 至图 4-3 分别给出了 $N(0,\ 1)$ 与 $d_3(=(\hat{\beta}_3-\beta_3)/SE_3)$ 的 Q-Q 图，以及在不同分组形式下 $r_3(=\hat{\beta}_3^*-\hat{\beta}_3)$ 与 $\hat{\beta}_3-\beta_3$ 的 Q-Q 图。SE_3 是以 $\hat{f}(0)$ 作为 $f(0)$ 的估计，可参看表达式（4-5），其中 $h=0.025$，进而得到 $\hat{\beta}_3$ 的方差估计。由式（4-4）可知，$SE_3=(4n\hat{f}^2(0)\hat{V}_1)^{-1}$ 对角线上第四个元素的平方根，其中 $\hat{V}_1$ 是由 $\sum_{i=1}^{n} I(x_i^T\hat{\beta}>0)x_ix_i^T/n$ 中前 $d(=\sum_{j=1}^{s_0} d_j)$ 行及前 d 列构成的矩阵。从图 4-1 至图 4-3 可看出，r_3 的分布逼近较为优于 $N(0,\ 1)$。基于以上分析可知，随机加权方法在参数估计分布逼近方面优于估计冗余参数的插入法。

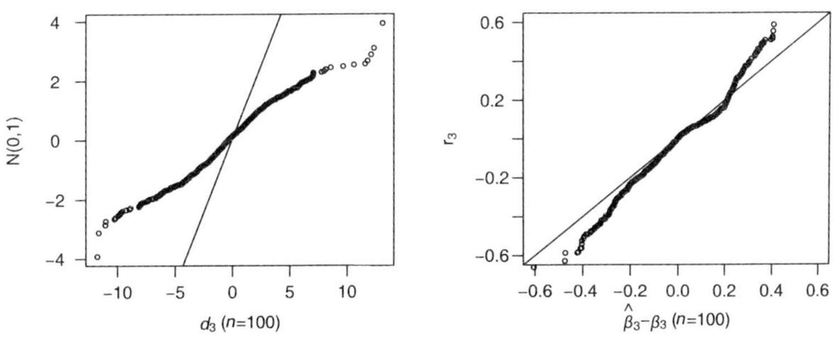

图 4-1　分组形式 S1 下 $N(0,\ 1)$ vs. $d_3=(\sqrt{n}(\hat{\beta}_3-\beta_3)/(SE_3))$ 及 $r_3=(\hat{\beta}_3^*-\hat{\beta}_3)$ vs. $(\hat{\beta}_3-\beta_3)$ Q-Q 图

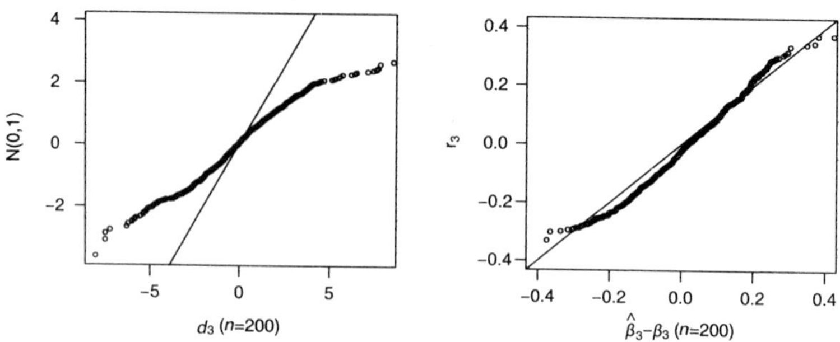

图 4-1　分组形式 S1 下 $N(0,\ 1)$ vs. $d_3=(\sqrt{n}(\hat{\beta}_3-\beta_3)/(SE_3))$ 及 $r_3=(\hat{\beta}_3^*-\hat{\beta}_3)$ vs. $(\hat{\beta}_3-\beta_3)$ Q–Q 图（续图）

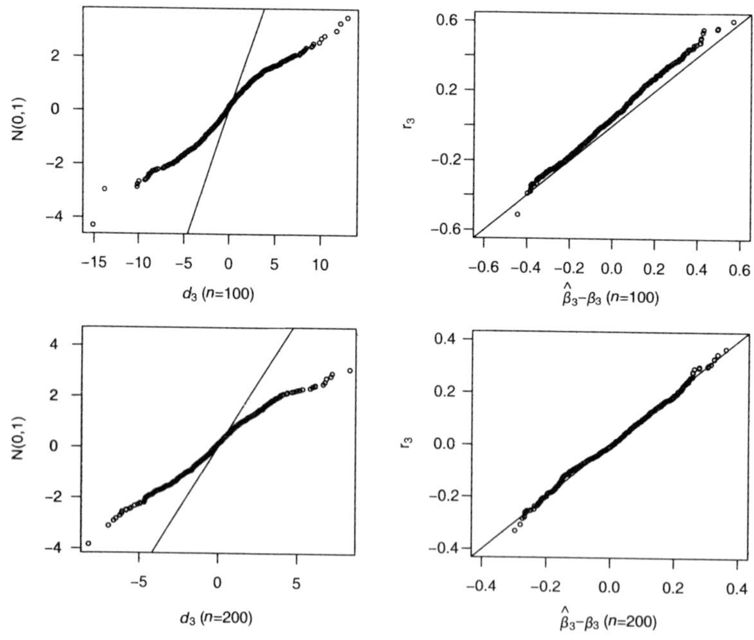

图 4-2　分组形式 S2 下 $N(0,\ 1)$ vs. $d_3=(\sqrt{n}(\hat{\beta}_3-\beta_3)/(SE_3))$ 及 $r_3=(\hat{\beta}_3^*-\hat{\beta}_3)$ vs. $(\hat{\beta}_3-\beta_3)$ Q–Q 图

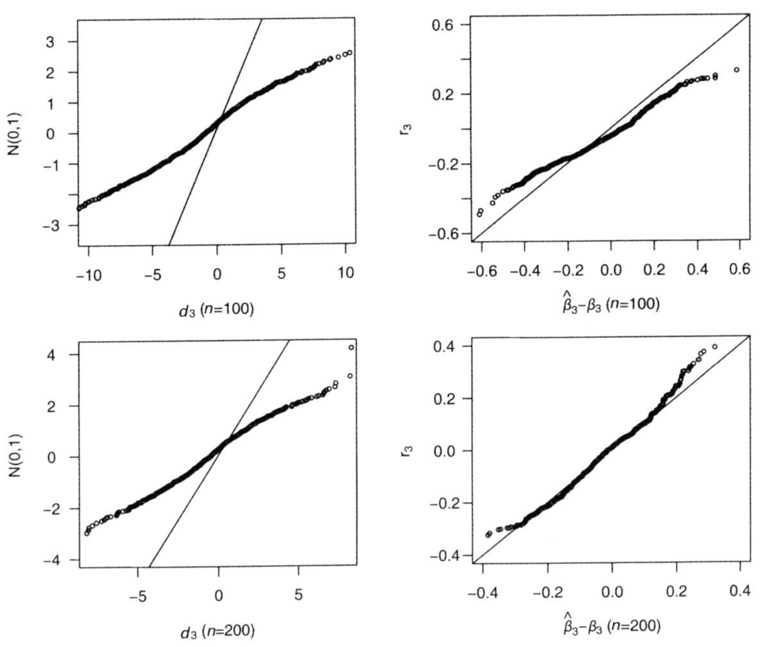

图 4-3　分组形式 S3 下 $N(0,\ 1)$ vs. $d_3=(\sqrt{n}(\hat{\beta}_3-\beta_3)/(SE_3))$ 及 $r_3=(\hat{\beta}_3^*-\hat{\beta}_3)$ vs. $(\hat{\beta}_3-\beta_3)$ Q-Q 图

4.4　结论

本书提出通过随机加权方法逼近参数压缩估计分布的方法，该方法能给出与有效组相对应参数估计的方差而无须估计冗余参数。数值分析表明，与通过估计冗余参数去逼近参数估计分布的插入方法相比，随机加权方法更具有优势。可是，本书中假定解释变量数目是固定的，而不随样本增加而增加，在今后，将研究在解释变量数目随样本增加而增加的情形下随机加权参数估计的渐近性质。

4.5 理论证明

4.5.1 定理 4.1 的证明

令 $\alpha_n=n^{-\frac{1}{2}}+a_n$，$u=(u_1^T, \cdots, u_s^T)^T$ 和 $\|u\|=c$，其中 c 是一个充分大的常数。对于定理的证明，只需证明对于任意的 $\varepsilon(0<\varepsilon<1)$，当 n 充分大时，有：

$$P\{\inf_{\|u\|=c} Q_n^*(\beta+\alpha_n u) > Q_n^*(\beta)\} \geqslant 1-\varepsilon \qquad (4-9)$$

这就说明，$Q_n^*(\beta)$ 的一个局部极小值点落入球 $\{\beta+\alpha_n u: \|u\|\leqslant c\}$ 的概率至少是 $1-\varepsilon$，因此，存在一局部极小值点 $\hat{\beta}^*$ 使得 $\|\hat{\beta}^*-\beta\|=O_p(\alpha_n)$。由 $Q_n^*(\beta)$ 的定义知式（4-10）成立。

$$Q_n^*(\beta+\alpha_n u)-Q_n^*(\beta)$$

$$
\begin{aligned}
\geqslant\ & \frac{1}{n}\sum_{i=1}^{n}\omega_i|y_i^+-(x_i^T\beta+\alpha_n x_i^T u)^+|-\frac{1}{n}\sum_{i=1}^{n}\omega_i|y_i^+-(x_i^T\beta)^+| \\
+\ & \sum_{j=1}^{s_0}\lambda_{nj}\|\tilde{\beta}_j+\alpha_n u_j\|-\sum_{j=1}^{s_0}\lambda_{nj}\|\tilde{\beta}_j\| \\
=\ & I+II
\end{aligned}
\tag{4-10}
$$

通过三角不等式及 $a_n=O_p(\alpha_n)$ 可得：

$$
\begin{aligned}
II\ =\ & \sum_{j=1}^{s_0}\lambda_{nj}\|\tilde{\beta}_j+\alpha_n u_j\|-\sum_{j=1}^{s_0}\lambda_{nj}\|\tilde{\beta}_j\| \\
\leqslant\ & \sum_{j=1}^{s_0}\alpha_n\lambda_{nj}\|u_j\|\leqslant s_0 a_n\alpha_n\|u\|=s_0\alpha_n^2\|u\|O_p(1)
\end{aligned}
\tag{4-11}
$$

由 Wang 等（2009）可得：

$$
\begin{aligned}
I\ =\ & \frac{1}{n}\sum_{i=1}^{n}\omega_i|y_i^+-(x_i^T\beta+\alpha_n x_i^T u)^+|- \\
& \frac{1}{n}\sum_{i=1}^{n}\omega_i|y_i^+-(x_i^T\beta)^+| \\
=\ & -\frac{1}{n}\sum_{i=1}^{n}\alpha_n\omega_i x_i^T u\,\mathrm{sgn}(e_i)I(\mu_i>0)+ \\
& f(0)\alpha_n^2u^TV^2u+o_p(\frac{1}{n}+\alpha_n^2u^TV^2u)
\end{aligned}
\tag{4-12}
$$

其中，sgn（·）是符号函数。因 $\frac{1}{\sqrt{n}}\sum_{i=1}^{n}x_i\mathrm{sgn}(e_i)\ I(\mu_i>$

$0)\xrightarrow{d}N(0,V^2)$ 以及 $n^{-1/2}=O_p(\alpha_n)$，则有：

$$I=-\alpha_n^2\|u\|O_p(1)+f(0)\alpha_n^2u^TV^2u(1+o_p(1)) \quad (4\text{–}13)$$

由式（4–11）与式（4–13）可知，c 取得足够大时，在 $\|u\|=c$ 上 $f(0)\alpha_n^2u^TV^2u$ 控制其余项。因 $f(0)\alpha_n^2u^TV^2u$ 恒正，所以表达式（4–9）成立。

4.5.2 定理 4.2 的证明

当 $a_n=o_p(n^{-1/2})$ 时，从定理 4.1 可知，c 取得足够大时，$\hat{\beta}$ 落入球 $\{\beta+\alpha_nu:\|u\|\leqslant c\}$（$\alpha_n=n^{-\frac{1}{2}}$）的概率趋于 1，记 $\hat{\beta}_n^*=(\hat{\beta}_a^{*T},0)^T$，$r_k=(0,\cdots,u_k^T,\cdots,0)^T$，其中 u_k 是在第 k 组，且 $\|u_k\|=1$，$k=s_0+1,\cdots,s$。定义 $H(t)=Q_n^*(\hat{\beta}_n^*+tr_k)-Q_n^*(\hat{\beta}_n^*)$，

则：

$$\begin{aligned}H(t)&=\frac{1}{n}\sum_{i=1}^n\omega_i|y_i^+-(x_i^T\hat{\beta}_n^*+tx_i^Tr_k)^+|-\frac{1}{n}\sum_{i=1}^n\omega_i|y_i^+-\\&\quad(x_i^T\hat{\beta}_n^*)^+|+\lambda_{nk}|t|\cdot\|u_k\|\\&=\frac{1}{n}\sum_{i=1}^n\omega_i|y_i-(x_i^T\hat{\beta}_n^*+tx_i^Tr_k)^+|-\frac{1}{n}\sum_{i=1}^n\omega_i|y_i-\\&\quad(x_i^T\hat{\beta}_n^*)^+|+\lambda_{nk}|t|\cdot\|u_k\|\\&=\frac{1}{n}\sum_{i=1}^n\int_{(x_i^T\hat{\beta}_n^*)^+}^{(x_i^T\hat{\beta}_n^*+tx_i^Tr_k)^+}\omega_i\mathrm{sgn}(v-y_i)dv+\lambda_{nk}|t|\end{aligned}$$

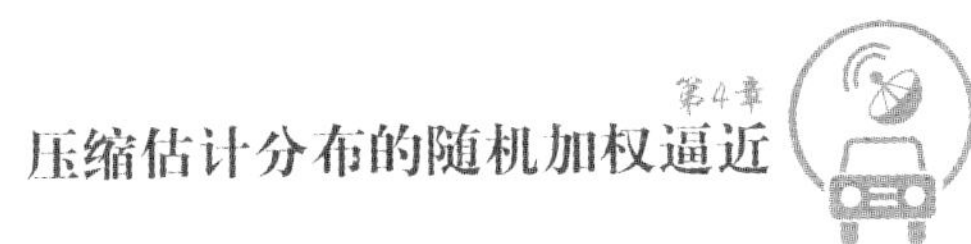

$D(\cdot)$ 是 Dirac delta 函数，利用性质 $xD(x)=0$，可以计算 $H(t)$ 关于 t 的导数。

$$\begin{aligned}
&\frac{\mathrm{d}H(t)}{\mathrm{d}t}\\
=\ &\frac{1}{n}\sum_{i=1}^{n}\omega_i\mathrm{sgn}(-e_i+(x_i^T\hat{\beta}_n^*+tx_i^Tr_k)^+-x_i^T\beta)\frac{\mathrm{d}(x_i^T\hat{\beta}_n^*+tx_i^Tr_k)^+}{\mathrm{d}t}\\
&+\lambda_{nk}\mathrm{sgn}(t)\\
=\ &\frac{1}{n}\sum_{i=1}^{n}\omega_i\mathrm{sgn}(-e_i+(x_i^T\hat{\beta}_n^*+tx_i^Tr_k)^+-x_i^T\beta)I(x_i^T\hat{\beta}_n^*+\\
&tx_i^Tr_k>0)x_i^Tr_k+\frac{1}{n}\sum_{i=1}^{n}\omega_i\mathrm{sgn}(-e_i+(x_i^T\hat{\beta}_n^*+tx_i^Tr_k)^+-\\
&x_i^T\beta)(x_i^T\hat{\beta}_n^*+tx_i^Tr_k)D(x_i^T\hat{\beta}_n^*+tx_i^Tr_k)x_i^Tr_k+\lambda_{nk}\mathrm{sgn}(t)\\
=\ &\frac{1}{n}\sum_{i=1}^{n}\omega_i\mathrm{sgn}(-e_i+x_i^T\hat{\beta}_n^*+tx_i^Tr_k-x_i^T\beta)I(x_i^T\hat{\beta}_n^*+tx_i^Tr_k>\\
&0)x_i^Tr_k+\lambda_{nk}\mathrm{sgn}(t).
\end{aligned}$$

对于 $u\in R^p$ 且 $\|u\|\leqslant 2c$，定义

$$\Phi_n(u)=1/\sqrt{n}\sum_{i=1}^{n}\omega_i\mathrm{sgn}(-e_i+\alpha_nx_i^Tu)I(\mu_i+\alpha_nx_i^Tu>0)x_i^Tr_k$$

由（A4）与（A6）可得：

$$\frac{1}{n}\sum_{i=1}^{n}\|x_i\|^2=O(1),\quad \max_{1\leqslant i\leqslant n}\{|\alpha_nx_i^Tu|:\}=o(1)\qquad(4\text{-}14)$$

当 n 充分大时，有

$$
\begin{aligned}
E\Phi_n(u) &= 1/\sqrt{n}\sum_{i=1}^{n} I(\mu_i+\alpha_n x_i^T u>0)x_i^T r_k E\mathrm{sgn}\,(-e_i+\alpha_n x_i^T u) \\
&= 1/\sqrt{n}\sum_{i=1}^{n} I(\mu_i+\alpha_n x_i^T u>0)x_i^T r_k(2F(\alpha_n x_i^T u)-1) \\
&= 2f(0)/\sqrt{n}\sum_{i=1}^{n}\alpha_n x_i^T uI(\mu_i+\alpha_n x_i^T u>0)x_i^T r_k(1+o(1)) \\
&= 2f(0)/n\sum_{i=1}^{n} u^T x_i x_i^T r_k I(\mu_i+\alpha_n x_i^T u>0)(1+o(1)) \\
&= O(1)
\end{aligned}
$$

与

$$
\begin{aligned}
\mathrm{Var}(\Phi_n(u)) \leqslant\ & \frac{1}{n}\sum_{i=1}^{n} E(\omega_i \mathrm{sgn}(-e_i+\alpha_n x_i^T u)I(\mu_i+ \\
& \alpha_n x_i^T u>0)x_i^T r_k)^2 \\
\leqslant\ & \frac{1}{n}\sum_{i=1}^{n}(x_i^T r_k)^2 I(\mu_i+\alpha_n x_i^T u>0)(1+\sigma^2) \\
\leqslant\ & \frac{1}{n}\sum_{i=1}^{n}\|x_i\|^2(1+\sigma^2)=O(1)
\end{aligned}
$$

这表明当$\|u\|\leqslant 2c$时$\Phi_n(u)$一致依概率有界。因而，当$0\neq|t|\leqslant cn^{-\frac{1}{2}}$，由条件（A7）可知：

$$
\frac{\mathrm{d}H(t)}{\mathrm{d}t}=\frac{1}{\sqrt{n}}(O_p(1)+\sqrt{n}\lambda_{nk}\mathrm{sgn}(t))
$$

显然，$\mathrm{d}H(t)/\mathrm{d}t$的符号取决于$t$的符号依概率成立。

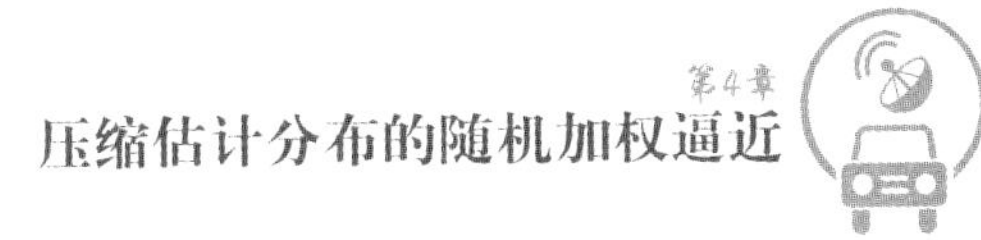

至此，定理的（a）部分证毕。

为简便计算，令 $\gamma_n^* = \hat{\beta}_a^* - \beta_a$，$u_n^* = \sqrt{n}\,\gamma_n^*$。由 $Q_n^*(\beta)$ 的定义知：

$$\begin{aligned} & Q_n^*((\hat{\beta}_a^{*T},0)^T) - Q_n^*((\beta_a^T,0)^T) \\ = & -\frac{1}{n}\sum_{i=1}^{n}\omega_i x_{ia}^T\gamma_n^*\operatorname{sgn}(e_i)I(\mu_i>0) + f(0)\gamma_n^{*T}V_1\gamma_n^* \\ & + \sum_{j=1}^{s_0}\lambda_{nj}(\|\hat{\beta}_j^*\| - \|\tilde{\beta}_j\|) + o_p(\frac{1}{n} + \gamma_n^{*T}V_1\gamma_n^*) \end{aligned}$$

其中，x_{ia} 是由 x_i 的前$d(=\sum_{j=1}^{s_0} d_j)$个元素构成的向量。

定义 $B_n^*(u) = -n^{-1/2}\sum_{i=1}^{n}\omega_i x_{ia}^T u\,\operatorname{sgn}(e_i)\,I(\mu_i>0) + f(0)u^T V_1 u + \sum_{j=1}^{s_0} n^{1/2}\lambda_{nj}(\|n^{1/2}\tilde{\beta}_j + u_j\| - \|n^{1/2}\tilde{\beta}_j\|)$，其中，$u=(u_1^T, \cdots, u_{s0}^T)^T$。因 $a_n = o_p(n^{-1/2})$，故 $B_n^*(u)$ 的极小值点$\tilde{u}_n^* = (2f(0)n^{1/2}V_1)^{-1}\sum_{i=1}^{n}\omega_i x_{ia}\operatorname{sgn}(e_i)I(\mu_i>0) + o_p(1) = O_p(1)$。

由 Wang 等（2010）中的引理 4. 1 可得：

$$B_n^*(u_n^*) - B_n^*(\tilde{u}_n^*) \geqslant f(0)(u_n^* - \tilde{u}_n^*)^T V_1(u_n^* - \tilde{u}_n^*) + o_p(1)$$

因此：

$$
\begin{aligned}
0 &\geqslant Q_n^*((\hat{\beta}_a^{*T},0)^T) - Q_n^*((n^{-1/2}\tilde{u}_n^{*T}+\beta_a^T,0)^T) \\
&\geqslant \frac{1}{n}(B_n^*(u_n^*) - B_n^*(\tilde{u}_n^*) + o_p(1)) \\
&\geqslant \frac{f(0)}{n}(u_n^* - \tilde{u}_n^*)^T V_1 (u_n^* - \tilde{u}_n^*) + o_p(1)。
\end{aligned}
$$

因而，$u_n^* = \tilde{u}_n^* + o_p(1)$。至此，定理证毕。

4.5.3 定理 4.3 的证明

由定理 4.2 知：

$$
\sqrt{n}(\hat{\beta}_a - \beta_a) = (2f(0)n^{1/2}V_1)^{-1}\sum_{i=1}^{n} x_{ia}\mathrm{sgn}(e_i)I(\mu_i>0) + o_p(1) \tag{4-15}
$$

$$
\sqrt{n}(\hat{\beta}_a^* - \beta_a) = (2f(0)n^{1/2}V_1)^{-1}\sum_{i=1}^{n} \omega_i x_{ia}\mathrm{sgn}(e_i)I(\mu_i>0) + o_p(1) \tag{4-16}
$$

联立式（4-15）与式（4-16）得：

$$
2f(0)\sqrt{n}V_1(\hat{\beta}_a^* - \hat{\beta}_a)/\sigma = n^{-1/2}\sum_{i=1}^{n}\frac{\omega_i - 1}{\sigma} x_{ia}\mathrm{sgn}(e_i)I(\mu_i > 0) + o_p(1)
$$

因 $n^{-1}\sum_{i=1}^{n} x_{ia}x_{ia}^T\mathrm{sgn}^2(e_i)I(\mu_i>0)\to V_1$，$n\to\infty$，以及 $\max\limits_{1\leqslant i\leqslant n}\|n^{-1/2}x_{ia}\| \leqslant \max\limits_{1\leqslant i\leqslant n}\|n^{-1/2}x_i\| = o(1)$，由中心极限定理知，给定

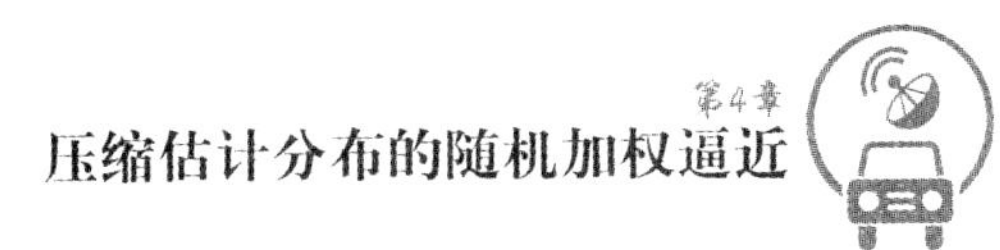

样本 $\{y_i^+\}$，则

$$2f(0)\sqrt{n}V_1(\hat{\beta}_a^* - \hat{\beta}_a)/\sigma \xrightarrow{d} N(0, V_1) \qquad (4-17)$$

依概率成立。

证毕。

参考文献

[1] Chen X. and Wu Y. Consistency of L_1 Estimates in Censored Linear Regression Models [J]. Commu. Statist. Theor. Meth, 1993 (23): 1847-1858.

[2] Rubin D. The Bayesian Bootstrap [J]. Ann. Statis., 1981 (9): 130-134.

[3] Efron B. Bootstrap Methods: Another Look at the Jackknife [J]. Ann. Statis., 1979 (7): 1-26.

[4] Efron B., Johnstone I., Hastie T. and Tibshirani, R. Least angle Regression [J]. Ann. Statist., 2004 (32): 407-499.

[5] Fan J. and Li R. Variable Selection Via Nonconcave Penalized Likelihood and its Oracle Property [J]. Amer. Statist. As-

soc. , 2001 (96): 1348-1360.

[6] Fan J. and Lv J. Sure Independence Screening for Ultra-high Dimensional Feature Space [J]. Roy. Soc. Ser. B, 2008 (70): 849-911.

[7] Fang Y. and Zhao L. Approximation to the Distribution of LAD Estimators for Censored Regression by Weighting Method [J]. Statist Plann Inference, 2006 (136): 1302-1316.

[8] Fang Y., Jin M. and Zhao L. Strong Convergence of LAD Estimates in A Censored Regression Model [J]. Science in China, Ser. A, Math., 2005 (48): 155-168.

[9] Goldberger A. S. Econometric Theory [M]. New York: Wiley, 1964.

[10] Heckman J. and MaCurdy T. A Life Cycle Model of Female Labor Supply [J]. Review of Economic Studies, 1980 (47): 47-74.

[11] Huang J., Horowitz J. and Ma S. Asymptotic Properties of Bridge Estima-tors in Sparse High-dimensional Regression Models [J]. Ann. Statist., 2008 (36): 587-613.

[12] Hunter D. and Li R. Variable Selection Using MM Al-

gorithms [J]. Ann. Statist., 2005 (33): 1617-1642.

[13] Islam N. Dynamic Tobit Model of Female Labour Supply, Göteborg Univer-sity [R]. Discussion Paper No. 259, 2007.

[14] Liu X., Wang Z. and Wu Y. Variable Selection and Estimation Via SCAD-type Penalty for Censored Regression Model [J]. In Press, 2011.

[15] Liu X., Wang, Z. and Wu, Y. Group Variable Selection and Estimation for Censored Regression Model [M]. submitted, 2011.

[16] Lo A. Y. A Large Sample Study of the Bayesian Bootstrap [J]. Ann. Statis., 1987 (15): 360-375.

[17] Meier L., van de Geer S., and Böuhlmann P. The Group Lasso for Logistic Regression [J]. Roy. Soc. Ser. B, 2008 (70): 53-71.

[18] Mroz T. A. The Sensitivity of An Empirical Model of Married Women's Hours of Work to Economic and Statistical Assumptions [J]. Econometrica, 1987 (55): 765-799.

[19] Pollard D. Empirical Process: Theory and Application, NSF-CBMS Re-gional Conference Series in Probability and Statistics

[M]. Institute of Mathematical Statistics, Hayward, 1990.

[20] Paul D., Bair E., Hastie T. and Tibshirani, R. "Pre-conditioning" for Feature Selection and Regression in High-dimensional Problems [J]. Ann. Statis., 2008 (36): 1595-1618.

[21] Powell J. Least Absolute Deviations Estimates for the Censored Regression Model [J]. Econometrics, 1984 (25): 303-325.

[22] Rao C. and Zhao L. Approximation to the Distribution of M-estimates in Linear Models by Randomly Weighted Bootstrap [J]. The Indian Journal of Statistics, 1992 (54): 323-331.

[23] Rao C. and Zhao L. Asymptotic Normality of LAD Estimators in Censored Regression Models [J]. Math. Meth. Statist., 1993 (2): 228-239.

[24] Tibshirani R. Regression Shrinkage and Selection Via Lasso [J]. Roy. Soc. Ser. B, 1996 (58): 267-288.

[25] Weng C. On a Second-order Asymptotic Property of the Bayesian Bootstrap [J]. Ann. Statis., 1989 (17): 705-710.

[26] Wang H. and Leng C. A Note on Adaptive Group Lasso

[J]. Computational Statistics and Data Analysis, 2008 (52): 5277-5286.

[27] Wang Z., Wu Y. and Zhao L. Approxiamtion by Randomly Weighting Method for Linear Hypothesis Testing in Censored Regression Model [J]. Science in China, Ser. A, Math., 2009 (52): 561-576.

[28] Wang Z., Wu Y. and Zhao, L. A LASSO-Type Approach to Variable Selection and Estimation for Censored Regression Model [J]. Chin. J. Applied Probab. Statist., 2010 (26): 66-80.

[29] Wu Y. and Zhao L. A Large Sample Research on Linear Models by Randomly Weighted Bootstrap [J]. Science in China, Ser. A, Math., 1999 (42): 616-624.

[30] Wu X., Yang Y. and Zhao L. Approximation by Random Weighting Method for M-test in Linear Models, Science in China [J]. Ser. A, Math., 2007 (50): 87-99.

[31] Yuan M. and Lin Y. Model Selection and Estimation in Regression with Grouped Variables [J]. Roy. Soc. Ser. B, 2006 (58): 49-67.

[32] Zeng L. and Xie J. Group Variables Selection for Data with Dependent Structures [M]. In Press, 2011.

[33] Zhao L. and Fang Y. Random Weighting Method for Censored Regression Model [J]. Systems Science and Complexity, 2004 (17): 262-270.

[34] Zhao L. Linear Typothesis Testing in Censored Regression Models, Statistica Sinica, 2004 (14): 333-347.

[35] Zheng Z. Random Weighting Method, Acta Math. Appl [J]. Sinica (in Chinese), 1987 (10): 247-253.

[36] 郑忠国. M 估计与随机加权法 [J]. 北京大学学报, 1988 (24): 277-286.

[37] Zou H. and Li R. One-step Sparse Estimates in Nonconcave Penalized Likelihood Models [J]. Ann. Statist., 2008 (36): 1509-1533.

[38] Zhao P. and Yu B. On Model Selection Consistency of Lasso [J]. Machine Learning Res, 2006 (7): 2541-2567.

[39] Zhang C. and Huang J. The Sparsity and Bias of the Lasso Selection in High-dimensional Linear Regression [J]. Ann. Statist., 2008 (36): 1567-1594.

［40］ Zhang C. Nearly Unbiased Variable Selection under Minimax Concave Penalty［J］. Ann. Statist., 2010（38）：894-942.

后　记

本书主要内容来自于作者的博士论文及工作期间的后续研究。

首先，感谢导师中国科技大学吴耀华教授。吴老师在学业上悉心指导，在研究上给予精准指引，本书的许多工作都是在他的帮助下完成。

其次，感谢赵林城教授。赵老师严谨的治学及科研精神，激励后辈。尤其要对王占锋老师及明瑞星老师致以谢意，本书的许多内容都与他们进行了深入的探讨，得到了许多有益的启发与指导。

最后，本书得以出版，感谢国家地区科学基金（编号：11961028）的资助。同时感谢江西财经大学统计学院为本书的出版做了大量的工作。

刘显慧

2019 年 12 月